働く人のためのアドラー心理学

「もう疲れたよ…」にきく８つの習慣

岩井俊憲

朝日文庫

本書は二〇一四年七月、小社より刊行されたものです。

はじめに

はじめまして。アドラー心理学をもとに企業研修や講演、カウンセリングを行う会社ヒューマン・ギルドの代表をしております岩井《いわい》俊憲《としのり》と申します。

私がアドラー心理学に出合いヒューマン・ギルドを立ち上げてから、はや30年近くがたちました。30年前、アドラー心理学の創始者アルフレッド・アドラーの名は、「心理学の三大巨頭」の一人でありながら、残りの二人、フロイトやユングに比べて一般的にはあまり知られておらず、説明するのにもひと苦労でした。

しかしながら最近、だいぶ多くの人に知られるようになってきたようで、うれしいかぎりです。

本書を手にとられた人のなかには、アドラー心理学に興味があるという人はもちろんですが、

「同僚との仲がこじれた」

「仕事で大失敗した」

「上司と合わない」

「部下の指導に悩んでいる」

「職場の人間関係がつらい」

「会社に行きたくない」

「何をやってもうまくいかない」

……など、「もう疲れたよ……」と肩を落とし、座り込みたいくらいに疲弊している人も多いのではないでしょうか。


人は生きていれば、どうしたってそういう時期があるものです。

私自身にも、そういう経験があります。

35歳のときです。外資系企業の総合企画室課長であった私は、業績悪化を受け、リストラを担当することになりました。人に「会社を辞めたほうがいい」と退職をお願いする立場ですから、相当のストレスでした。

あまりの心労に、ほどなく「この仕事が一段落したら私も辞めよう」と心に決めたのです。

希望退職を決行したあと、私は会社を辞めました。また、いろいろあって同時期に離婚することにもなりました。それまで住んでいた家も妻に明け渡したため、35歳のとき、私は、「仕事」「家族」「住む家」のすべてを失ったのです。

「もう疲れた……。何もかもどうでもいい……」とどん底にまで落ち込みました。ちょうどその頃でした。私はアドラー心理学に出合い、救われたのです。

アドラー心理学の大きな特徴の一つに、

「どんな状況にあっても、どんな能力が劣っていても、それだけで人生は決まらない。その後の人生をどうするかは〝自分で決められる〟」

という考え方があります（詳しくは、P.26「自己決定性」を参照）。

落ち込んでいた私は、アドラー心理学のこの考え方にふれることによって、

「仕事・家族・住む家を失ったという状況でも、この先、クヨクヨと嘆いて生きるか、それともこの経験をバネにして生きるか、私はどちらの道も選べるのだ」

と気づき、はい上がるきっかけをつかみました。

今、さらに実感しています。

アドラー心理学に出合い、あのどん底の経験をバネにする道を選んだからこそ、こうして働く人々の疲れた心を救う仕事ができているのだ、と。

本書を手にとったあなたも、もしかしたら、今は何もかも八方ふさがりのように感じているかもしれません。

「もう疲れたよ……」と肩を落とし、うなだれているのかもしれません。

しかし、そのような状況でも、この先も「もうダメだ」とうなだれ、嘆き続けるか、「あとははい上がるだけだ」と奮起するかは、〝自分で選べる〟のです。

また、もう一つアドラーの考え方で感銘を受けたものがあります。

「人間の行動には、【原因】があるのではなく、【目的】がある」

という考えです（詳しくは、P.30「目的論」を参照）。

私たちは、失敗したときや落ち込むような状況に陥ったとき、「なぜ、こんな状況になったのか」と過去の自分の行動のなかに【原因】を探りがちです。

しかし、【原因】を探っても、正しい答えなどありませんし、過去には絶対に戻れません。となると、「なぜ」という言葉は、自分を責めるだけになってしまいがちです。

であれば、「こんな状況であっても、この先、有意義な人生にするためには、どうしたらいいか（目的）」と考えるほうが、より建設的です。

「過去は問わない。他人のせいにしない。自分が未来に向けて、今から何ができるか」

アドラー心理学は、こう考える心理学なのです。

アドラーは、このアドラー心理学を机上で生み出したのではありません。

第一次世界大戦後の荒廃したオーストリアのウィーンという困難な環境で、市井《しせい》のいろいろな人と関わりながら、理論を練り上げていきました。たくさんの人々と夜遅くまで話し合ったり、カウンセリングをした、そのなかから生み出された理論なのです。

ひとえに臨床体験から出てきたものなのです。

だから、とても実践的です。

また、フロイトやユングの理論が心を病む人の心理学として医療現場で応用され、注目を集めたのとは異なり、アドラー心理学の主な対象者は、普通の人々でした。

「心理的には健常であるけれども、なんらかの要因によって問題行動を引き起こしたり、環境に適応できなくなった人を前向きにさせ、社会に適応できるよう導くこと」を目的としています。

つまり、ちょっとした仕事の失敗や人間関係のこじれなどが原因で、普段よりも心が疲れてしまった人こそ学び、実践してほしいと、アドラー心理学はつくり出されたのです。

本書は、アドラー心理学の基本となる理論を5つ、プロローグでご説明したあと、アドラー心理学を日々の仕事、生活のなかにとり入れやすいよう「習慣」という形でご紹介しています。疲れきって頭が働かないという人は、理論編であるプロローグを飛ばして、実践編である「習慣1」から読んでも大丈夫です。

私は、アドラー心理学を学び、伝え続けて30年になります。講演や企業研修、ヒューマン・ギルドでの公開講座、カウンセリングなどで、ビジネスパーソンを中心に15万人以上の人と接してきて実感するのは、**アドラー心理学は本を読んだり、学ぶだけでなく、実践に生かしてこそ初めてその真価が発揮できる、**ということです。

まずは、一つ二つからでもいいので、いいなと思った習慣を実践してみることをおすすめします。

今、日本はとりわけ困難な時代を迎えているように思います。

激変するビジネス環境、競争主義に振り回され、心身ともに疲れています。一方で、内部的には複雑な人間関係に悩まされます。

また、給料は上がらず、将来どうなるかわからない不安もあるでしょう。数字や生産性だけでみる風潮、あるいは人材を「宝」でなく「物」としてしかみない傾向が高まっているようにも思えます。

こうした時代状況を見るにつけ、ますます「アドラー心理学」の重要性を感じています。

ふとしたことでつまずき、「もう疲れたよ……」とガクンと膝を折ってしまいそうにへとへとになって働いている人たちの役に立てばいいなと思いながら書きました。

本書が一助となれば幸いです。

二〇一四年七月

岩井俊憲

働く人のためのアドラー心理学
「もう疲れたよ…」にきく8つの習慣　目次

プロローグ　アドラー心理学の基本にふれる

習慣1 「ありのままの自分」を受け入れる

習慣2 自分を知る

習慣3 失敗や欠点を糧にする

習慣4　負の感情とうまく付き合う

習慣5　建設的に考える

習慣6　大局から見る

図版　黒岩二三

働く人のためのアドラー心理学

「もう疲れたよ…」にきく8つの習慣

プロローグ　アドラー心理学の基本にふれる

働く人にこそ知ってほしいアドラー心理学

アルフレッド・アドラー（1870〜1937）の説いたアドラー心理学を、ぜひ普通の働く人にこそ、とり入れてほしいと思う理由が3つあります。

それは、「**常識的であり、健全**」「**わかりやすい**」「**取り組みやすい**」です。

まず一つ目の理由「常識的であり、健全」についてです。「はじめに」でも少しふれましたが、アドラー心理学は、「**普通の人、健常者がなんらかの理由があって、少し健康に過ごすことができないときのための心理学**」として広がっていきました。

アドラーと同時代の有名な精神科医にフロイトやユングがいますが、両者の心理学が、心を病む人のためのものとして、主に医学界で注目を浴びて広まっていったのとは対照的といえます。

そのためフロイトやユングに比べ、専門家でない人が活用する場合、アドラー心理学のほうが危険度は少ないといわれています。

二つ目の理由は、「わかりやすい」ことです。

アドラーの講義は、専門用語を使わず、シンプルでわかりやすいものでした。

そのため、アドラーの講義は、大学で学んでない人、医師ではない人、普通の人が聞いてもわかる内容のものでした。

疲れたときは難しいことを言われても頭に入ってこないことも多いでしょう。しかしそんな疲れたときでも理解しやすいのがアドラー心理学なのです。

3つ目の理由は「取り組みやすい」です。

アドラー心理学では、**人生で取り組まなければいけない課題のことを「ライフタス**

ク（人生の課題）」と呼んでいます。

ライフタスクには3つの分類があります。

①仕事のタスク（ワークタスク）
②交友のタスク（フレンドシップタスク）
③愛のタスク（ラブタスク）

この「人生の課題（ライフタスク）」は、「自分の心の中の問題」といったような内側からわき起こるものではなく、避けようもない、外側からふりかかってくる問題という意味です。

①の「仕事のタスク」は、企業や自営業で働く人にとっての「仕事」もそうですが、主婦にとっての「家事・育児」、学生にとっての「勉強」なども含みます。地域活動や、ボランティアも、この「仕事のタスク」に含まれます。

②は、他者との付き合い方のタスクです。友人関係はここに含まれますが、職場の上司、部下、同僚など、ふれ合う回数が多く、やや深い関係になる場合も、②の「交友のタスク」になります。

③の「愛のタスク」は、「家族のタスク（ファミリータスク）」といわれることもあります。身近な関係である夫婦、親子、家族の関係で、密接な異性関係もこれに含まれます。

この3つのタスクのうち、最も取り組みやすいとされているのが、①の「仕事のタスク」、次に取り組みやすいとされているのが②「交友のタスク」なのです。

③の「愛のタスク」は心理的距離が近く、ふれ合う回数が多いために、一番難しいとされています。

つまり、**わかりやすいとされているアドラー心理学のなかでも、最も取り組みやすいのが「仕事のタスク」なのです。**「交友のタスク」に含まれる職場の人間関係であっても、「愛のタスク」よりは取り組みやすいのです。

以上の3つの理由から、アドラー心理学は、まずは普通の働く人にこそ、とり入れてほしい心理学だと私は考えています。

人間は、自分の行動を自分で決められる

――アドラー心理学の基本①［自己決定性］

心が疲れきっている働く人の役に立つ実践的なアドラー心理学についてお話しする前に、基本となる5つの理論について解説したいと思います。この5つの基本を押さえておくと、あとからお話しする8つの習慣への理解が深まり、実践しやすくなります。

まず一つ目の基本は、**「自己決定性」**です。

これは「人間は、自分の行動を自分で決められる」ということです。

私の知り合いの女性がアドラー心理学に出合う前の出来事です。

彼女は、大量の仕事のうえに人間関係のトラブルが重なり、「もう疲れた。なんで私ばかりこんな目に遭うの……」と落ち込む毎日でした。

うつ状態になり、会社も休みがち、体調もボロボロでした。

しかし、その時期に読んだ本で、自分と同じような状況にいたのに、それをものともせずに活躍している一人の女性の存在を知りました。

「あれ、どうして同じような状況を経験しているのに、なぜ、彼女は楽しそうに働いていて、一方の私はこうして疲れきって働けなくなっているのだろう？」

とふと疑問に思ったのだそうです。この疑問に対する答えを、彼女は、アドラー心理学の次の考え方に出合ってから、知りました。

「どんなハンデをもって生まれようと、どんな状況・境遇に置かれようと、それだけでは、その人の人生を決める決定的な要因にはならない」

つまり、「同じ状況にいる」だけでは、**その後の人生は決まらない**のです。

もちろん、状況に影響は受けるでしょうが、この知人女性のように、「ボロボロになって働き、うつ状態になる」か、「その状況をバネにして生き生きと働く」かは、〝自分で選ぶことができる〟のです。

「劣等性や劣等感、生育環境がどのようであろうとも、それだけでは人生は決まらない。その後、建設的（創造的）な行動をとるか、非建設的（破壊的）な行動をとるかは自分で決められる」

このアドラー心理学の基本の考え方を「自己決定性」といいます（左図）。

生まれつき体が弱いAさんは、「体が弱いからこそ同じような人を救いたい」と医師を志しました。一方、同じく生まれつき体が弱いBさんは「体が弱いから僕は何もできない」と引きこもってしまいました。

ひどい親に育てられた兄弟がいます。兄は犯罪に手を染めて捕まり、「こうなったのも親の育て方のせいだ」と責めたとします。しかし一方で、同じ親に育てられた弟は、温かい家庭を築き、「僕のような思いをする子が一人でも減るように」と子どもを救う活動をしています。

どちらが「建設的な人生」といえるでしょうか。

どんなハンデをもった人間に生まれようと、どんな状況に置かれようと、建設的な人生を歩むか、非建設的な人生を歩むかは、自分で決めることができるのです。

アドラー心理学の基本①

［自己決定性］

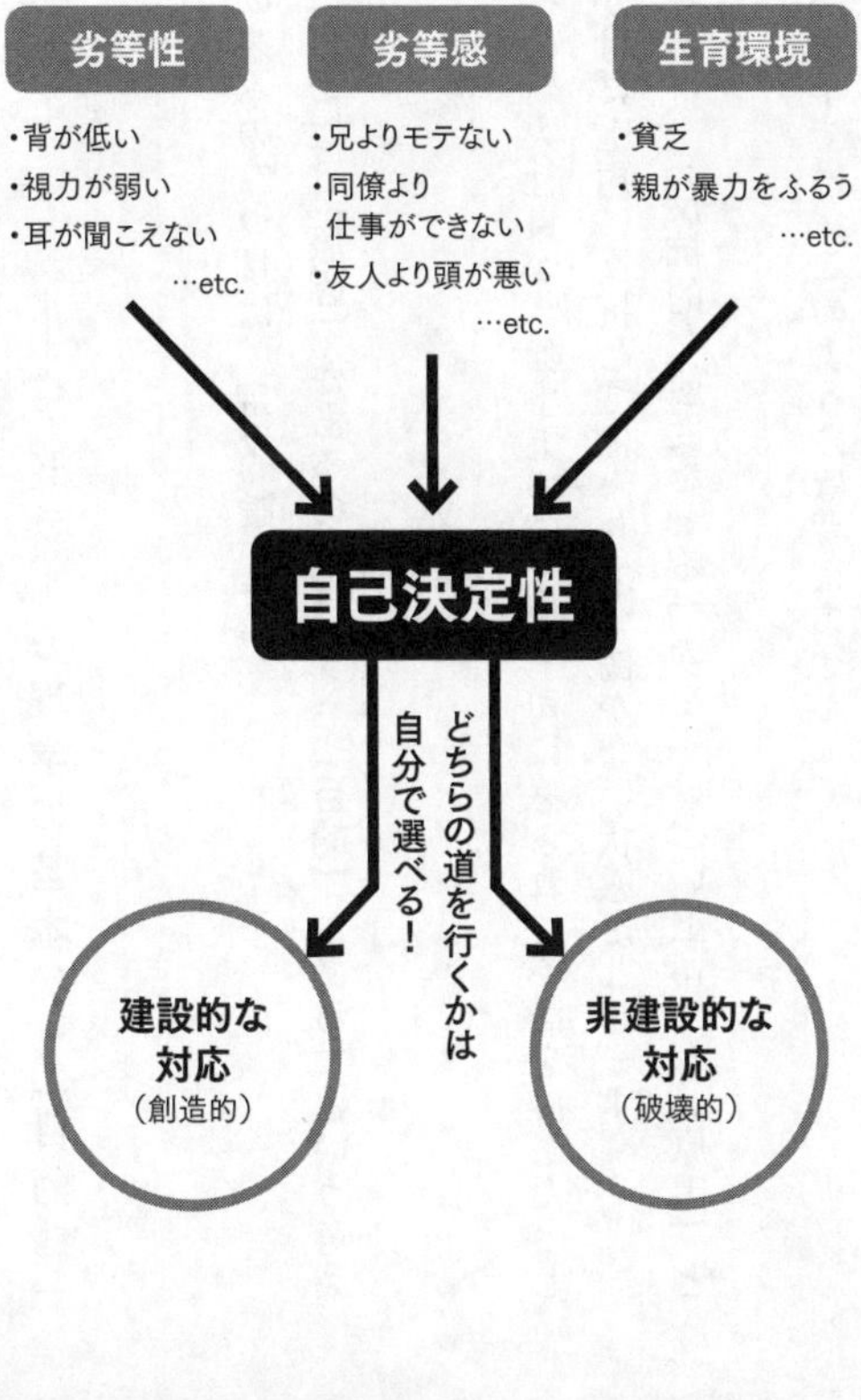

人間の行動には「目的」がある

——アドラー心理学の基本②【目的論】

アドラー心理学の基本の二つ目は、「目的論」です。

これは、「人間の行動には【原因】があるのではなく、【目的】がある」という考え方です。

どういうことでしょうか。

例えば、ある会社の新入社員が、仕事上のことで上司に怒られて不満を感じたとします。それをきっかけに上司に反抗してばかりで、働かない状態だとします。

この場合、新入社員は、「反抗的な態度をとる」のを「ひどい上司」が【原因】と思っています。

一方、アドラー心理学では、このようには考えません。

「新入社員が反抗的な態度をとるのには【目的】がある」と考えます。

この新入社員には、「心地のよい環境で自分の思うように働きたい」という**【目的】**があると考えるのです。

つまり、新入社員は、あくまでも「心地よい環境で自分の思うように働きたい」のです。もっといえば「思っていた職場環境と違うから、働きたくない」のです。

「働きたくない」という**【目的】**がある。

だから、「ひどい上司」は「反抗的な態度」の**【原因】**ではなく、「働きたくない」という**【目的】**を達するための「手段」になっているのです。

この場合、「ひどい上司」がいるからこそ、「そこで働きたくない」という目的が達成されるのです。

「反抗的な態度をとる（人間の行動）」のは、「ひどい上司」が【原因】ではなく、「働きたくない」という【目的】があるから。

こう考えるのがアドラー心理学なのです。

「サザエさんシンドローム」も同じ理論です。

会社でイヤなことのあるサラリーマンが日曜の夜になると具合が悪くなる。

仕事のストレスや疲れが「原因」ではなく、「会社に行きたくない」という「目的」があるから具合が悪くなると考えます。

運動が苦手な小さい子が運動会の日になると熱を出したり、おなかが痛くなるのもこれと同じです。

つまり、何か「原因」があるから、体調不良になるのではなく、「会社や学校に行きたくない」という「目的」があるから体調不良になる。

これがアドラー心理学のいう「目的論」です。

「人間の行動には、【原因】があるのではなく、未来の【目的】がある」という考え方です（左図）。

自分でははっきりと気づいていないことは多いのですが、人間には、「こうありたい」という方向性、目的があります。その目的（＋）と現状（－）との間にあるギャップを埋めようとする、目的に近づこうとするのが人間の行動だというのです。

この「**目的論**」**の対極にあるのが**「**原因論**」です。

アドラーの生きていた時代に主流だった心理学の考え方で、「人間の行動にはすべ

アドラー心理学の基本②
［目的論］

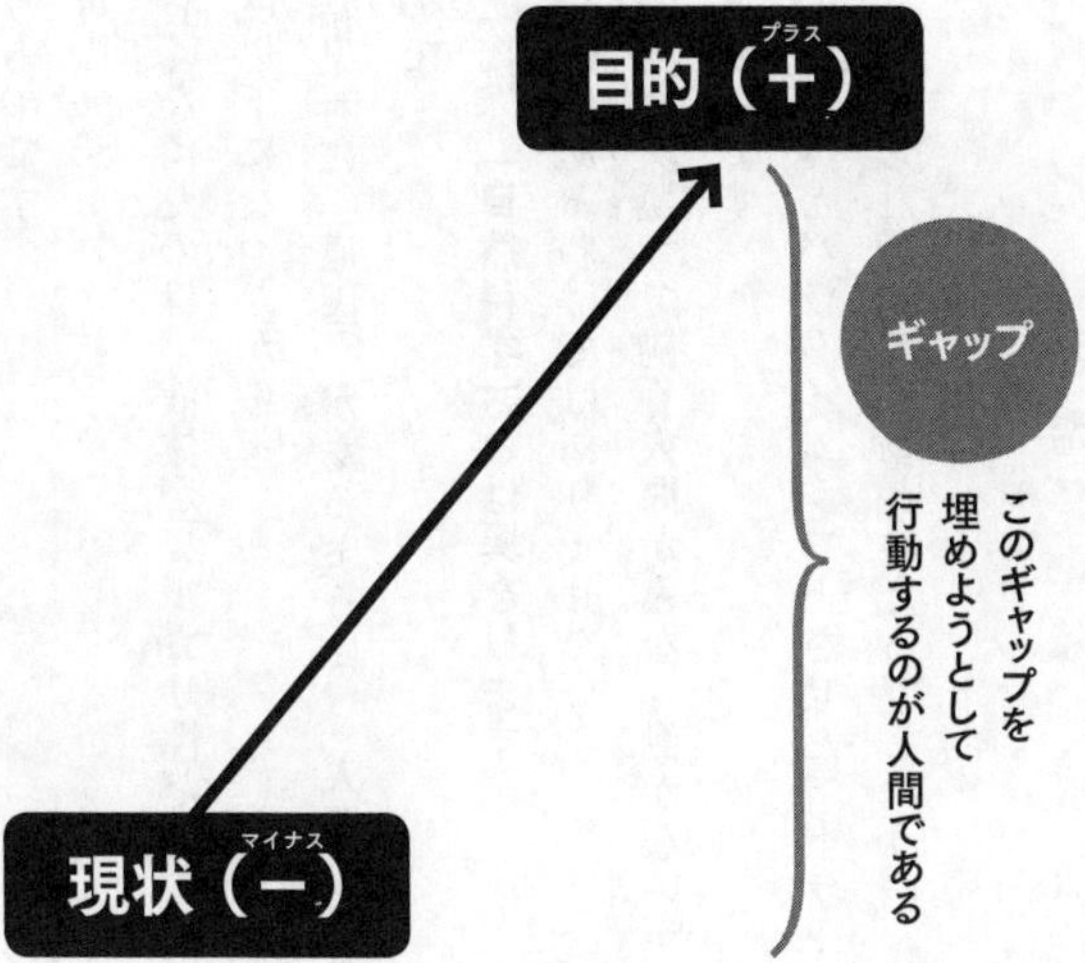

て原因がある」というものです。

自然科学の世界と同じロジックです。

「リトマス試験紙が青くなったのは、液体がアルカリ性だから」

「水が凍ったのは0度以下になったから」

と、自然科学の「結果」に「原因」があるように、「人間の行動や感情」にも「原因」があると考えるのです。

しかし、「人間の心」は、「自然科学」とは異なります。

人の心に決まった公式があるわけではありません。

「ひどい上司」や「過酷な環境」で働く人間がみな「働かない」わけではないのです。

こう考えたのがアドラーです。

「原因論」から「目的論」へとパラダイムシフトさせたアドラーこそが人間の心を自然科学の呪縛《じゅばく》から解きほぐした最初の人物といえるでしょう。

人間を「部分」に分けずに、「全体」から考える
――アドラー心理学の基本③［全体論］

アドラー心理学の基本の3つ目は「全体論」です。

これは、「人間は『部分』に分けられない。『全体』からとらえなければならない」という考え方です。

この全体論は、アドラー心理学のなかで二つのニュアンスで説明されます。

一つ目のニュアンスは、一人の人間における考え方です。

「人間の内部は【意識】と【無意識】、【理性】と【感情】、【心】と【体】というような相反する要素にはっきりと分けることはできない」

とアドラーは説いています。

これは、前項の「②目的論」と同様に、アドラー心理学より以前の科学的思考に基

づく心理学で語られた「要素論」と対極にある理論です。

アドラー以前の心理学では、科学のように「意識」と「無意識」、「理性」と「感情」、「心」と「体」など要素に分けて考えていました。

しかしアドラーは、人の心は科学とは違うと考えました。

「意識」と「無意識」、「理性」と「感情」、「心」と「体」などの「部分」にくっきりと分けられない。またその部分をかき集めても人間にはならない。

人間は全体として一つの生命体であり、部分に分けて考えてはいけないとアドラーは説いています（P.39図）。

例えば、ストレスを抱えて「胃が痛い」という「体」の症状をもっているクライアントに対して、「胃薬を出す」だけでいいのでしょうか。ストレスを抱えている「心」も含めて、トータルで考える必要があるはずです。

「体」は「体」で考える、「心」は「心」で分けて考える、というわけにはいかないのが人間です。

あるいは、次のような悩みをもつ人は多くありませんか。

「頭では、理性では、酒を減らさなければいけないのはわかっているのです。しかし、仕事上、接待の機会が多くて……つい飲んでしまうのです」

まさに「わかっちゃいるのに、やめられない」という状況です。

この場合、「頭ではわかっている（理性）」けど「ついついお酒を飲んでしまう（感情）」と分けて考えています。頭（理性）と心（感情）がバラバラ（葛藤）の状態ととらえています。

けれどもアドラー心理学では、理性や感情などを分けるまでもなく、単に「酒をやめたくない」のだと考えます。

つまり、「わかっちゃいるのにやめられない」のは、要は「やめたくない」のです。

これは、前項の「②目的論」から説明するとわかりやすいのですが、この営業マンの場合、「営業マンという仕事の性質上、お酒の付き合いで仕事をとりたい」という「目的」があるのです。だから「お酒を飲む」という行動に出る。

だから「お酒をやめない」となるのです。

「理性」も「感情」も含めて、トータルで「やめない」と判断しているのです。

要は「やめられない」のではなく、「やめない」のです。

このように、「心」と「体」、「理性」と「感情」など、人間を分割して要素に分けて考えるべきではない、としたのがアドラーです。

全体論の二つ目のニュアンスは、大勢の中での個人を考える場合です。

例えば、あなたの職場に10人のメンバーがいるとします。そこに一人のメンバーが異動できたとたん、職場の雰囲気がガラリと変わるということはありませんか。減る場合もしかり、です。恐れられている上司がいなくなったとたん、ガラリと雰囲気がやわらかく変わることもあるはずです。

職場の一人ひとりの個性を足して、その職場の雰囲気ができているわけではないのです。一人ひとりの人間を足しても集団にはならないのです。

「人間を要素に分けられない。人間の部分を足しても全体にならない」

「一人ひとりを足しても集団にならない」

これが「全体論」です（左図）。

アドラー心理学の基本③

［全体論］

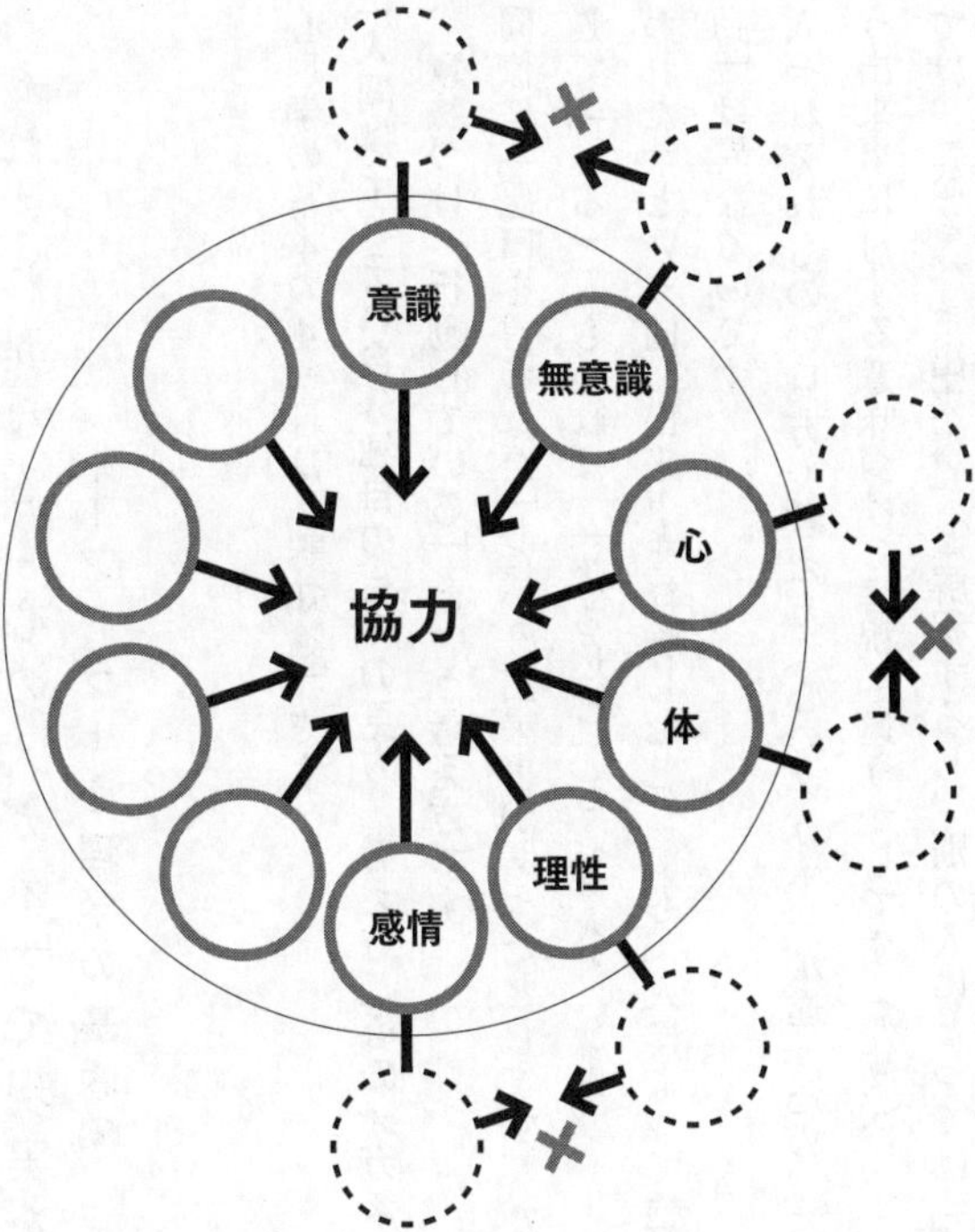

◎ 人間は部分に分けて考えられない

◎ 部分を足しても全体にはならない

人間は、それぞれ異なる「心のメガネ」で現実を見る

――アドラー心理学の基本④［認知論］

アドラー心理学の基本の4つ目は「認知論」です。

これは、「人間はそれぞれ自分独自のものの見方・考え方（心のメガネ）を通して現実にふれ、意味づけ、行動している」という考え方です。

例えば、同僚に「悪口を言われた」という出来事があったとします。

これに対して「怒る」人もいれば、「落ち込む」という人もいます。「悪口を言われた」という同じ出来事を経験したとしても、人によって抱く「感情」やとる「行動」は異なるのです。

それは、人それぞれものの見方や考え方（心のメガネ）が違うため、「悪口を言われた」という出来事に対する意味づけ・解釈も違うからです（左図）。

人によっては、「怒るべき出来事」と解釈するし、別の人にとっては「悲しむべき

アドラー心理学の基本④

［認知論］

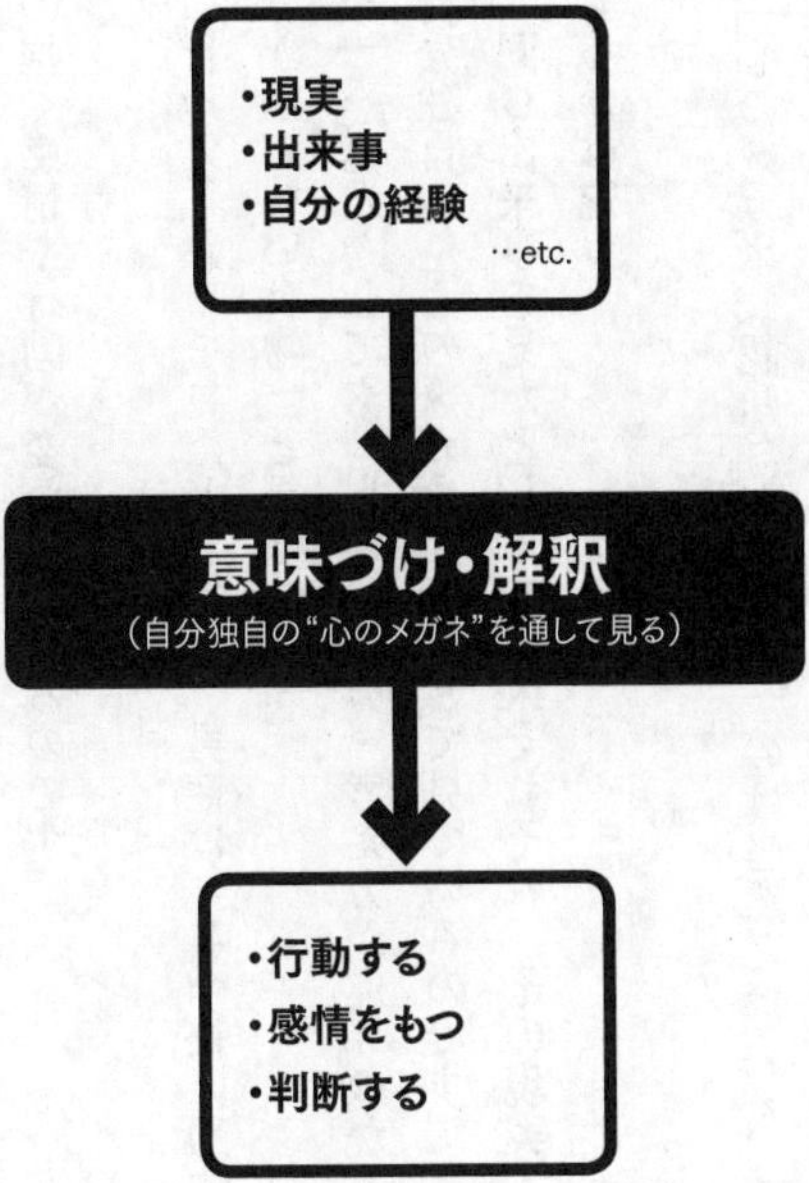

出来事」と解釈する。

「目の前の現実・出来事を自分のものの見方や考え方（心のメガネ）を通してどう見るか」によって自分の抱く感情や行動が変わってくるのです。

カップルで動物園に行って「象」を見たとしても、男性は「鼻の長い動物だな」と言い、女性は「しっぽがかわいい動物」と言う。

このように同じ「象」を見たとしても、ものの見方・考え方が違うのが人間です。

同じ事実を別々の自分独自の「心のメガネ」を通して見ているのです。

だから、**同じ現実、同じ出来事を見たとしても、人それぞれ、その現実・状況をどうとらえるか、解釈するかは違う。**

これが「認知論」です。

ただ、人それぞれ「心のメガネ（認知）が異なる」のは当然とはいえ、「認知が常識とされていることよりあまりにもはずれている」場合、「あまりにも歪んだ心のメガネで世の中を見ている」場合は直しましょう、というのがアドラー心理学の基本的な考え方です。

「誘いを断られた」という出来事を見て「憎まれている」と極端に意味づける。「書類をミスした」という出来事だけを見て「私は仕事ができない人間だ。会社を辞めたほうがいい」と意味づける。

このように自分独自の心のメガネが歪みすぎていると、イライラしたり、落ち込んだり、人間関係に支障をきたすことが多くなります。

この「認知論」は感情に深くかかわってくるので、「習慣4」で詳しくお話しします。

ここでは、まず、

「人間は、目の前の現実・出来事・経験を自分なりに意味づけ・解釈して（心のメガネを通して見て）、感情をもったり、行動する存在」

ということを「認知論」として押さえておいてください。

人間の行動には、必ず「相手役」がいる
――アドラー心理学の基本⑤［対人関係論］

アドラー心理学の基本の最後、5つ目は「対人関係論」です。

これは、人間はいつも『特定の誰か』（他者であることもあれば、自分であること もある）を想定して行動している」という考え方です。

つまり、「人間の行動には『相手役』がいる」と考えるのです。

詳しくご説明していきましょう。

上司があるとき、朝っぱらからささいなことで一人の部下を罵倒《ばとう》していたとします。

ちょうどそのとき、上司の後ろを社長が通って、上司の肩をポンと叩きました。

すると、社長にも不愉快な調子で対応するのかと思いきや、後ろを振り返るなり、すぐさま態度が豹変《ひょうへん》し、

「あ、社長、おはようございます。何かご用ですか？」

と、まるで別人のように明るく丁寧にふるまう。

こういうことは、あなたの身の回りでもめずらしい光景ではないでしょう。

この上司の行動には、常に「相手役」がいます。

「部下」が「相手役」のときは、「こっぴどく怒る」。

「社長」が「相手役」のときは、「明るく丁寧にふるまう」。

「相手役」によってこういう「行動や感情の違い」があるのです。

アドラー心理学では、行動や感情には「相手役」があり、「目的」があるとみます。

「目的」については、P.30の「目的論」のところでご説明しました。

怒りという感情には、「相手を支配したい」や「自分の気持ちをわかってほしい」などの「目的」があります。その目的は、「相手」によって異なります。

「部下」に怒るときは「支配したい」が目的かもしれませんが、「妻」に対して怒るときは「わかってほしい」が目的だったりするのです。

その「怒り」という感情や、「怒鳴る」という行動には、「部下」や「妻」という「相手役」が必要なのです（左図）。

「相手」が誰であろうと、誰かれ構わず怒る人はいないものです。

「人間の行動には、必ず『目的』があり、『相手役』がいる」と考えるのがアドラー心理学の「対人関係論」です。

アドラー心理学の基本⑤
［対人関係論］

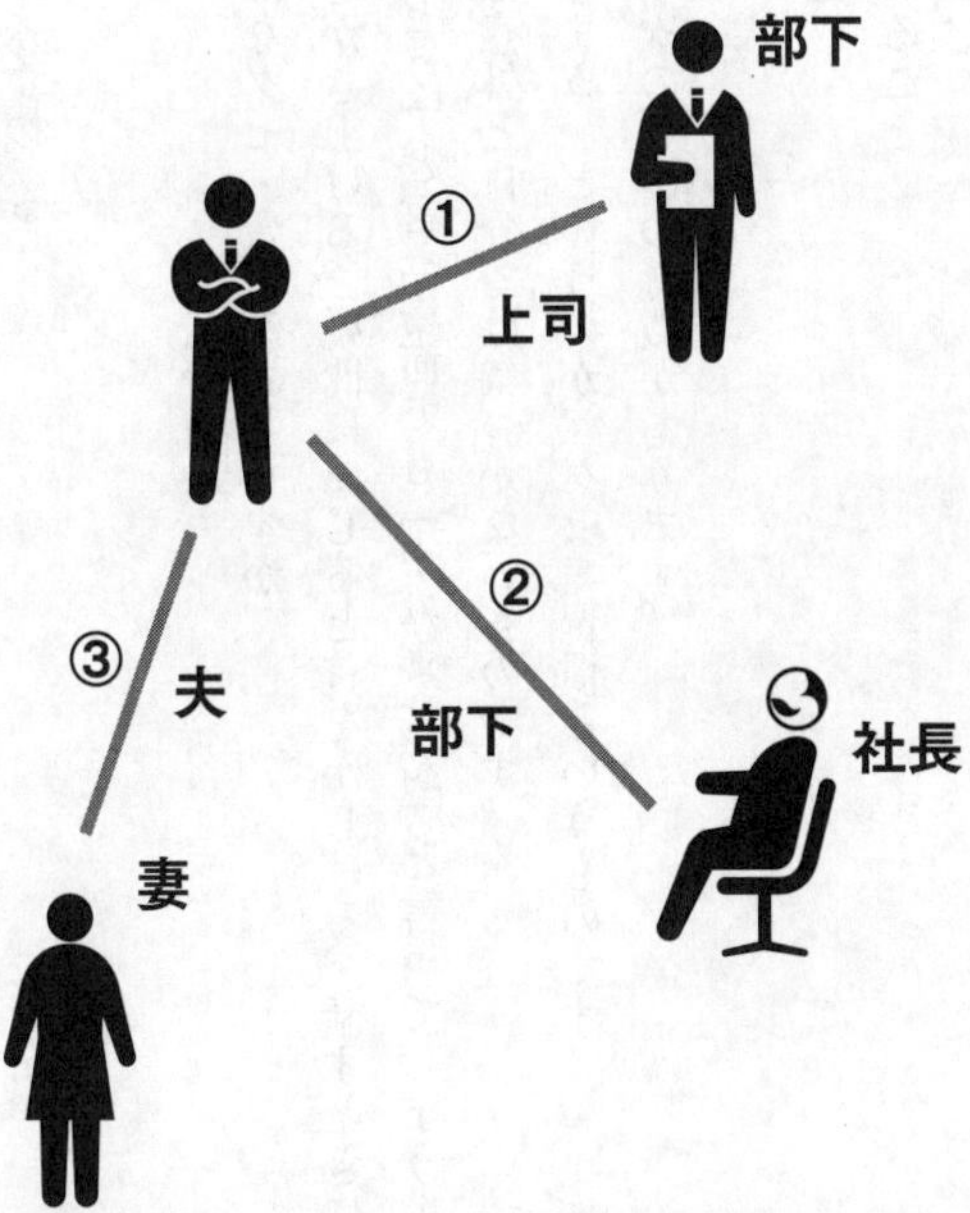

◎ ①②③の関係性によってとる行動・感情は違う

◎ 人間の行動・感情には相手役がいる

習慣を変えれば「もう疲れたよ…」という状況は変わる

あなたには、どんなクセ・習慣がありますか。

不安になると髪をかき上げる、疑問に感じると首をかしげる、話すときに相手の目を見ない、「ありがとう」と言う場面でも「すみません」と言ってしまう……などの小さいクセ・習慣は意外と自分では気づかないものです。

「ついついやってしまう」というのが、クセ・習慣というものです。

クセ・習慣には、次の3つの特徴があります。

①無自覚であること
②パターン化していること
③器用にできていること

このクセ・習慣は、ささいで小さいことのように思えるかもしれません。普段はほとんど意識しないことかもしれません。

けれども、アドラー心理学では、このクセ・習慣は、「性格」の形成に大きな影響をもっていると考えます。

なぜなら、アドラー心理学では、「性格は、思考・感情に加えて、クセ・習慣、つまり行動の積み重ねによってできている」

ととらえているからです。

例えば、「話すときに相手の目を見ない」「『ありがとう』という場面でも『すみません』と言ってしまう」という行動を積み重ね、いつしか習慣となり、それに伴って思考・感情が変わると、「人見知り」「ひっこみじあん」「消極的」な性格と見なされます。

そのため、一般的に日本語で「性格」というと、「変わらない」「静的なもの」と思われていますが、アドラー心理学では、「性格」を「ライフスタイル」といい、「変わりうるもの」ととらえます。

アドラー心理学では、性格（ライフスタイル）は、「変えられる」と考えるのです。**クセ・習慣（行動の積み重ね）を変え、それに伴い思考と感情が変われば、性格は変わるのです。**

けれども、性格は、一度形成されると、固定・維持され、変えるのが難しい場合もあります。

なぜなら、性格は、行動の積み重ね（クセ・習慣）に大きく影響を受けるとはいえ、その行動の積み重ね（クセ・習慣）はそもそも「以前の体験から〝そうしたほうが生きやすい〟と判断した結果」だからです。

「こつこつ真面目に努力する」という性格の人は、今までの経験上、そうしたほうが「生きやすい」と判断し、行動してきた結果、そういう性格になったのです。

八方美人で本音を抑えて話すという性格の人は、今までの人生でそう行動したほうが「生きやすい」と判断し、行動した結果、そういう性格になったのです。

しかしながら、大きな人生の転換期を迎えると、時としてその性格は、とても不便で、足かせになることがあります。

先程の「こつこつ真面目に努力する」という性格の人が、大学生から社会人になって飛び込んだ業界・会社によっては、通用しないことがあります。「器用でアピール力がある」ほうがいいこともあるでしょう。

あるいは、純朴な青年が田舎から東京に出てきたとたん、騙されたり、怒られたりとイヤな目に遭うことが多くなった結果、だんだんと世慣れた都会的な性格になっていくということもあるでしょう。

このように、**今の自分の性格が、今の環境と不具合を起こしているのなら、性格を変えていくのも一つの解決手段**です。

そして、性格は行動の積み重ね（クセ・習慣）に大きく影響されるので、性格を変えるには、クセ・習慣を変えること。

もし、今、あなたが、仕事や人間関係のことで「もう疲れたよ……」と肩を落とし、ボロボロになっているとしたら、まずは、クセ・習慣を変えてみるのも一つの大事な解決手段となります。

新しい習慣を身につけるには、大変なことも多いかもしれません。けれども、これからご紹介する8つの習慣のうち、一つでいいから、まずは、勇気を出してやってみてください。

有名な言葉に、

「心が変われば行動が変わる。行動が変われば習慣が変わる。習慣が変われば性格が変わる。性格が変われば人生が変わる」

というものがあります。

行動を変えるのも、習慣を変えるのも、性格を変えるのも、人生を変えるのも、すべては「自分の心」しだいです。

そこからスタートです。

「もう疲れたよ……」という状況を変えられるのは、〝あなただけ〟なのです。

習慣1 「ありのままの自分」を受け入れる

アドラーの言葉

たしかにこの世界には、悪、困難、偏見はある。
しかし、それがわれわれの世界であり、
その利点も不利な点もわれわれのものである。

（『人生の意味の心理学』より）

「もっと仕事ができたら……」

「もっとまわりの人間関係に恵まれてたら……」

「あの人はいいなぁ。なぜ、私だけがこんな目に……」

疲れているときは、ついつい他の人をうらやんだり、自分以外の誰かになりたいという考えが浮かんできてしまいます。

たしかに、「もし、あの人だったら、人生違っただろうなぁ」と思うことはあるでしょう。

しかし、あなたという人間は、あなた一人です。

自分以外の人生を歩むことはできません。

たった一人しかいない〝自分〟を、いいところも悪いところも含めて、ありのまま受け入れる。

この〝心〟をアドラー心理学では大切にしています。

本章では「自分で自分をありのまま受け入れる」ことができるような習慣をご紹介します。

それでも、今の自分に「イエス」と言う

働いていると、こうつぶやきたくなるときも多々あることでしょう。

「もう疲れたよ……」

・理不尽な指示ばかりで、理解のない上司
・自由気ままで思ったとおりに動かない部下
・無理難題を押しつけ、言いたい放題のお客様
・やってもやっても終わらない仕事の山
・何度も同じミスをしてしまうふがいない自分
・「なんのために働いているんだろう……」と思ってしまうくらい無意味な仕事

……などなど。

そんな状況に、がっくり肩を落としてしまう日も、人知れず涙を流す日も、生きていればあると思います。

そんなあなたに質問があります。

「あなたは、今の自分にイエスと言えますか？」

疲れ果ててどうしていいかわからない自分であっても、うまくいかない現状を抱えた自分であっても、です。

「仕事がうまくいかない」「他人に完全否定された」「人間関係でぶつかってへとへと……」そのあげく「もう疲れたよ……」という気分を抱えてこの本を手にとった人のなかには、

「ノー！」

と答えてしまう人も、多いのではないでしょうか。

実は、この質問は、私が研修やカウンセリングのときによくする質問で、「イエス」と答えることのできる人は意外と少ないものです。

時間にルーズだったり、テキパキできなかったり、怒りっぽかったり、あわてんぼうだったり、人に優しくできなかったり……。人には弱い部分もダメな部分もできない部分もあるものです。

ついつい、そういうダメな部分、できない部分を見て「イエス」と言えない。うまくいっていないとき、疲れているときなら、なおさらです。

けれども、そうした部分も全部ひっくるめて自分を受け入れる。

これを「自己受容」といいます。

アドラー心理学では、この「自己受容」の心を大事にしています。

人は、多かれ少なかれ、生まれもった体や生まれる環境・親などを選ぶことはできません。自分以外の誰かになることはできないのです。

どんな自分であっても、この世で〝たった一人の自分〟で生きていくしかないのです。ならば、その自分を丸ごと受け入れる。

アドラー心理学の基本①「自己決定性」にも通じる考え方です。

つまり、「自己受容」の心とは、自分のダメな部分（劣等性）を否定して、自分のいい部分だけを見て「自分は素晴らしい」ということではありません。

ダメな部分（劣等性）も含め「ありのままの自分」をそのまま受け入れる。

「背が低い」「頭が悪い」「愚図でのろま」「すぐ焦ってあわてる」「怒りっぽい」「体が弱い」「人間関係に不器用」などのマイナスがある。

それでも、自分を受け入れる。

自分で自分に「イエス」と言う。

この「自己受容の心」こそがアドラー心理学の基本であり、土台です。

どんな自分でも、まずは自分が自分に「イエス」と言う。

ここが疲れきったあなたに贈るアドラーの教えの出発点です。

「過去の自分」も受け入れる

「あのとき、なぜ、行動しなかったのだろう。時間よ、戻れ」と思うときはありませんか。

あるいは、「あの1年間のことは思い出したくない。消したい過去だ」と思ってしまったことはありませんか。

かくいう私も、実はあります。

私は高校時代のことを「消しゴムで消したい」と言ったことがあります。

高校時代、私は難関大学を志望する生徒を集めた特別進学クラスにいました。しかし陸上競技部の活動に夢中になっていた私は、まったく成績はふるわず、「落ちこぼれ」扱い。

しかも、そんなに打ち込んだ陸上競技も高校2年生のときにやめてしまいました。

担任の先生から、「最近、成績が落ちたね。陸上競技なんかにうつつを抜かしているせいだ。やめて勉強に専念しなさい」と言われたからです。

当時の私は、アドラー心理学と出合っていませんから、自分から「やめた」にもかかわらず、「やめさせられた」と他人（先生）のせいにしていました。

そのうえ、部活をやめたあとの高校生活は暗いものでした。

「陸上をやめさせられた」と先生を恨む一方で、その後、成績が思うように伸びない「2年生まで陸上をやっていたせいだ」と陸上のせいにする。

アドラー心理学の基本①「自己決定性」（P.26）のことなんてまるでわかっていない高校生の私でした。

そして大人になってから、ついつい、そんな高校時代を振り返って「消しゴムで消したい」と言ってしまったのです。

しかし、アドラーは次のように言っています。

「いかなる経験も、それ自体では成功の原因でも失敗の原因でもない。われわれは自分の経験によるショック――いわゆるトラウマ――に苦しむのではなく、経験のなかから目的に適《かな》うものを見つけ出す。自分の経験によって決定されるのでなく、経験の与える意味によって、自らを決定するのである」(『人生の意味の心理学』)

つまり、「高校2年生まで陸上に打ち込んでいた経験」も「成績のことを考えて陸上をやめた経験」も「自分で陸上をやめたにもかかわらず、踏ん切りがつかずにモヤモヤした高校生活を送った経験」もその「経験」だけでは、成功の原因にも失敗の原因にもならないのです。

高校時代を振り返って、ついつい「消しゴムで消したい過去」と言ってしまった大人の私ですが、しかし、**高校時代、暗いなかで考え、もがき、行動したからこそ、今の私があるのもまた事実です。**

還暦を過ぎた今の自分だからこそ、よけいにそう感じられます。

本章で身につけてほしい習慣「『ありのままの自分』を受け入れる」のなかには「今の自分」だけでなく、「過去の自分」も含まれます。

きっと私だけでなく、本書を読んでいる誰もが、「あのとき、ああすればよかった」「なんであんな日々を送ったのだろう」と思うことはあるでしょう。取り消せない失敗をすることだってあったでしょう。

けれども、そのとき感じた痛みをなしにしてしまうことはできません。**ただ、それぞれの出来事がもつ意味は変えることができます。**

過去の経験を「良い」とか「悪い」で判断しなくていいのです。過去の経験をこれからの自分にとって「良い」ものにすることが大事なのです。

それこそが、アドラーの「建設的な」教えです。

挫折したからこそ、気づくことができます。

悔しい経験をしたからこそ、奮起することができます。

傷つけられた痛みを知っているからこそ、人に優しくできます。

今の自分と同じように、過去の自分を受け入れる。

それもとても重要なことなのです。

自分の心に栄養をあげる

疲れ果ててしまって、プチうつ状態になる人の特徴の一つに、「ガソリン切れで、エネルギー不足になっているのに走ろうとする」ということがあげられます。

ガソリン切れでは車は思うように走れません。なのに、その走れないことに対しても、「なんで走れないんだ！」とイライラしてしまう。あるいは、「ちゃんと車を運転できない私はダメな人間だ」と自分を責めてしまう。

そういう心の状態になってしまう人がいるように思います。

ただ「ガソリンが切れているだけ」なのに、です。

建設的な方向に向かって進むにしても、いったんガソリンを補充することは不可欠です。

そうしないと建設的な方向に進むことすらできなくなりかねません。

では、「車にはガソリン」ですが、人にはどうしたらいいでしょうか。

私は、自分という車にガソリンを入れることを「養生」といっています。

「養生」には、

「心をいたわり、体をいたわり、脳をいたわることで、自分をいたわる」

という意味があります。

つまり、「**自分で自分に栄養を与える**」**ということ**です。

例えば私の「心の養生」の一つは、クラシック音楽を聴くことです。

朝5時に起きて原稿を書くときにも、パソコンに向かいながらクラシック音楽をBGMとして流しています。シューベルトやベートーヴェン、モーツァルト、バッハなどの曲が好きで流しています。

時間があれば、コンサートにも行きます。

あるとき、東京都交響楽団の演奏を聴きにいったことがありました。その日の演奏曲の一つにモーツァルトの「フルートとハープのための協奏曲」がありました。

この曲は、映画「アマデウス」で、サリエリが楽譜を読んでモーツァルトの天才ぶりに嫉妬するきっかけになった曲です。第2楽章などはまさに「天上の音楽」と呼ぶにふさわしくて、聴き惚れてしまいました。

クラシックコンサートで私は、すっかり〝養生〟して帰ってきました。

私にとっての「心の養生」は、「クラシック音楽を聴くこと」ですが、人によっては、「美しい絵を見ること」「咲き誇る花や緑を眺めること」などという人もいるでしょう。

あるいは、「体の養生」もあります。「美味しいものを食べる」「温泉に行く」、女性ですと、「美容院に行く」「エステに行く」などもそうでしょう。「体が喜ぶことをする」のです。

あるいは、「そのことをやっていると、つい時間を忘れてしまう」というような趣味でもいいと思います。「脳がスカッとする」ような趣味です。

とにかく自分が「気持ちいい」「心地いい」と感じることをするのです。そうやって自分の心や体や脳をいたわり、「自分を大事にする」のです。

この「自分を大事にする行為＝養生」が、あなたという車にとってのガソリンなのです。

「ありのままの自分を受け入れる」には、時に体力や気力が必要です。

特に、ダメな自分、弱い自分を受け入れるのには、抵抗を感じることも、時間がかかることも多いでしょう。

「ありのままの自分」を受け入れる前に、まずは、あなたの心を、体を、脳をいたわる。養生する。

あなたにとっての「養生」は何ですか。

自分なりの「養生」を見つけてみてください。

前向きになれる言葉をつぶやく

カウンセリングをしていて、気づくことがあります。それは、物事がうまくいかないときや、自分をとりまく状況に不安を感じているときは、「僕なんて」「もうダメだ」「どうせうまくいかない」とマイナスの言葉を多く使っているのです。

自分で自分を卑下するような表現が多いのです。

あなたも、仕事がうまくいかなかったとき、「もうおしまいだ」などと悲観的なことを口にしていませんか。

そのうえ、人は自分でも気づかないうちに、心の中でもいろいろな言葉をつぶやいています。

心の中で話す言葉を「セルフ・トーク」といいます。

今、次の二つの言葉を心の中でつぶやいてみてください。

「お先真っ暗だ」

「朝がこない夜はない」

どっちの言葉をつぶやいたとき、元気がわいてくるでしょうか。

きっと後者のほうだと思います。

こうしたセルフ・トークは、プラスのものであれ、マイナスのものであれ、心に強い影響を与えます。そのため、セルフ・トークは、使い方しだいであなたにとって大きな力となる可能性をもっています。

私はマイナス言葉のセルフ・トークを「悪魔のささやき」、プラス言葉のセルフ・トークを「天使のささやき」と呼んでいます。

悪魔のささやきを聞けば聞くほど、目に見える世界はつらく変わっていきます。

しかし、「朝がこない夜はない、朝がこない夜はない」と天使のささやきを何度も繰り返しつぶやけば、どうでしょうか。

おそらく気持ちが落ち着いていき、しだいに明るく感じていくことでしょう。

航空機のパイロットは、緊急事態には、オートマチック回路をマニュアル回路に切り替えて危機を乗り切るといいます。

それと同じで、イヤなことが起きたときや傷ついたとき、自動的に悪魔のささやきが繰り返され、マイナスの思いが心に広がってしまいそうになったら、自分の意思で切り替える。「天使のささやき」を意識的に心の中で唱えるのです。

自分なりに使っているプラスの言葉でかまいません。

自分が心地よいと感じる「自分なりの天使のささやき」を考えてみてください。

「こんなのたいしたことない。挽回できる」

「わかってくれる人は必ずいる」

「私はかけがえのない素晴らしい存在だ」

もちろん1回や2回で心がラクにならなかったら、10回、20回と繰り返していくのです。そのうちに言葉が心に染み込んでいくことでしょう。

朝と夜の習慣を整える

前項のように、**人は「言葉」に左右されます**。マイナスの言葉を浴びているうちに気持ちまでマイナスになる。そういう傾向があります。

それは「言葉」だけでなく「行動」でもそうです。

沈んだ気分のときに多少でも無理して「元気よくあいさつする」「ニコッと笑う」と気持ちがふっと前向きになりませんか。

人の気持ちは行動にも左右されるのです。

だから私は、研修やカウンセリングで「朝と夜の習慣を整える」ことをおすすめしています。

まず、朝です。

朝起きるときに生きている実感を味わいます。大きく伸びをして、「ああ、爽快だ

〜!」と言いながら起きる。できたら、思いっきりやってみてください。

それも、目覚ましが何度も鳴る前に。

次に、朝、顔を洗った後、鏡の前でニコッと笑ってください。鏡ですから、あなたが笑えば、鏡のあなたも笑い返してくれます。

「おはよう」のあいさつも大事です。家族でも職場の人にでも「おはよう」と元気よくあいさつするようにしてください。

そして、夜です。朝にお風呂に入る人もいると思いますが、おすすめは夜。お風呂は単に体を洗う行為というだけではないのです。心も洗うのです。

帰宅して、今日あったイヤなこと、イラッときたこと、すべてをお風呂で洗い流す。

そして、夜寝るときに、一つでいいからよかったことを思い出し、「ああ、よい一日だった」とつぶやいて眠るようにしてください。

単純なことですが、とても大切なことです。

朝と夜の習慣を整えると、不思議と、「ああ、このままの自分でもいいのか」と思えるようになることも多いものです。

「自分の品位」を守る

数学者の藤原正彦さんの著書『国家の品格』（新潮新書）がベストセラーになったとき、「品格」という言葉が流行《はや》りました。

たしかに国家にも品格は必要ですが、個人にも品格は必要です。

といっても「社会人の常識として」なんて堅苦しい意味ではありません。

実はこの「品格を守る」という行動は、「ありのままの自分を受け入れる」のに大切なことだったりするのです。

ありのままの自分を受け入れることは、「自尊心をもつこと」でもあります。

自尊心、つまり「自分を尊ぶ心」です。**自分を尊ぶ心は、尊ぶ自分があってこそ高まるともいえます。**

「自分の品位を下げない行動をする」ことは、尊ぶ自分でいるための行動でもあるの

です。

例えば、会社でイヤなことがあって、「もう何もかも放り投げてしまいたい」と感じる日の帰り道、うずくまって具合の悪い年配女性に出会ったとします。

そこであなたは、年配女性に「大丈夫ですか？」と声をかけてタクシーを呼んであげたとします。年配女性は「ありがとう」と感謝の言葉を口にしてタクシーに乗り込んでいきました。

すると、会社であったイヤなことがスーッと晴れていき、自尊心が心に戻ってくるのを感じるはずです。

ゴミのポイ捨てをしない。人を傷つけるようなことを言わない。困った人がいたら助ける……。

気がついたところからでいいのです。簡単なことでいいのです。

ほんの少しでいいから「自分の品位を下げない行動をする」を心がけていくと、自尊心が生まれ、「ありのままの自分」を受け入れやすくなれます。

習慣2　自分を知る

アドラーの言葉

ベティーは、抵抗し続けるのに
ものすごい力を発揮している。
私は、このことをある意味で
見込みのある兆候だと思っている。
と言うのは、もしこの強みを
建設的な道筋に向けることができたら、
この子はリーダーになるだろうから。

（『アドラーのケース・セミナー』より）

人生の大海原を行くのは「あなた」という船です。

「あの船がいい」と言って、他の船に乗り換えることはできません。また、嵐がきて「鉄の船だったらいいのに」と言っても、今まさに襲いくる嵐には意味がありません。

「自分という船」をいい点も悪い点も含め受け入れる。そして、「自分という船」の性能や長所、短所を知り、船の機能を十分に生かして海を渡る。人生を大海原に例えるならこんなところでしょうか。

アドラーは「何をもって生まれたか」より「もって生まれたものをどう生かすか」が大事だと言っています。

長所を伸ばして誰かのために力を貸す。

「できること」に目を向けて、行動する。

そのためには自分自身と向き合い、「自分を知る」。

これを大切にしてみてください。

強みに目を向ける

あなたは自分の嫌いなところ、短所、弱みはありますか？

こうクライアントに質問すると、いろんな答えが返ってきます。

「決断力がなくていつもチャンスを逃す」

「おおざっぱな性格で、不用意な一言で相手を不快にさせてしまう」

「小さいことでいつまでもグジグジ悩んでしまう」

などなど、人はそれぞれ「イヤだな〜」と思うことはあるものです。

特に仕事や人間関係でつまずき、疲れている人は、「私はダメだ」「俺なんてどうせ……」と短所や弱みにばかり目がいくものです。

しかし、どんな人にも短所もあれば、長所もあります。弱みばかりの人間などいません。

弱みにばかり注目して、弱みをなんとかしようとばかり考えていると、強みまで消えてしまうことになります。

読売ジャイアンツやニューヨーク・ヤンキースなどで活躍した松井秀喜さんには、こんなエピソードがあります。

読売ジャイアンツに入団してすぐに高卒1年目としては異例の1軍デビューを果たした松井さん。ところが周囲のきめ細かな指導にもかかわらず、結果を出せずに2軍に落とされてしまいました。

ある日の練習中、2軍監督の末次利光さんは松井さんを呼んでこんなふうに尋ねます。

「松井、お前はどういうバッターなんだ?」

この質問に対し、松井さんはこう答えました。

「ぼくはデッカイのを打つバッターなんです」

期待されて読売ジャイアンツに入ったものの2軍に落とされていたときです。普通の監督なら「デッカイのを打つだけではダメだぞ。もう少し違う技も覚えないと」などと弱みをカバーするよう注意する人もいるでしょう。

しかし末次監督は違いました。

「そうか、わかった。それでいけ」

と松井さんが強みを生かしたプレイをすることに「お墨付き」を与えたのです。

末次監督は、王や長嶋とともにジャイアンツの黄金世代を担った選手です。松井の強みも弱みもわかっていたのでしょう。

2軍に落ちたときこそ、強みを伸ばす。

その後の松井さんの活躍は、皆さんもよくご承知のとおりです。

どんな選手にも強みもあれば、弱みもあります。

しかし、弱みにばかり目を向けていると、自分の強みが見えなくなってしまいがちです。欠点を直そうとばかりすると、選手の持ち味が消えてしまうことになります。

だから、「強み」を生かす。

そのためには、まずは「自分を知ること」がとても大切です。

自分と向き合い、自分を知る。

そして自分のなかにある「強み」や「弱み」を知る。

また、自分の強みを知ることは、根拠をもって自分を受け入れることにもつながります。

しかしながら「あなたの強みは何ですか？」ときかれて、すぐにいくつも答えられる人は少ないものです。

今までの自分を振り返り、よく考えてみれば必ずいくつもあります。

他人よりできたこと、他人にはない経験、他人から「すごいね」と言われたこと、振り返ってみればいろいろあるのではないでしょうか。

まずは、紙とペンを用意して、一つずつ書き出してみてください。

落ち着いて、時間をとって、一人で自分と向き合いながら書くのです。

するとと自分では意識していなかった強みに、だんだんと気づいていくことができるのではないでしょうか。

短所を長所に言い換える

前項でお伝えした「強みを紙に書き出す」ときに、「ほとんど思い浮かばない」という人もいるかもしれません。

人は落ち込んでいるとき、疲れているときは、短所や欠点、悪い面に目が向きがちだからです。

しかし、それは気のせいです。自分のことが見えなくなっているにすぎません。

そういう場合、私は、まず「短所、欠点、弱みを書いてください」と言います。

そのうえで、「それを長所、美点、強みに言い換えてみてください」と続けます。

例えば、「短気」という性格を言い換えると、「思いをストレートに表現できる人」ということでもあります。

「頑固」は「信念の強い人」でもありますね。

「優柔不断な性格」は、「安易に決断しない慎重さ」ともいえます。

ダメな自分と素晴らしい自分は、コインの裏表のようなものなのです。

以前、私のところにカウンセリングにきた医学生のケースです。

その彼は、3年生から4年生に進級できなかったことで落ち込んでいました。

「膨大な医学書を読まなければならないのに、つい途中で電話をしたり、音楽を聴いたりしてしまうんです。勉強に身が入らない。僕には集中力がない」

という悩みを抱えて、しきりに自分を責めていました。

私は彼に言いました。断言調です。

「あなたは集中力がないのではなく、散漫力があるのです！」

医学生は「散漫力」という聞き慣れない言葉にあっけにとられていました。

「集中力がない」という欠点を「散漫力がある」と肯定的にとらえ直したのです。

同じ「自分の性格」であっても、とらえ方しだいです。

続けて、私は彼なりの集中力が続く時間を尋ねました。すると「本を読み始めて30

分もすると、気が散ってしまい集中できない」とのことでした。

そこで私は彼に、「散漫力型勉強法」をアドバイスしました。

勉強というと、「1科目に集中して勉強し、終わったら次の科目へ」というのが一般的でしょう。

しかし彼には、机の真ん中に内科学の本を置いて読んでいる最中、左側に産科学、右側に解剖学の本を置くことをすすめました。そして、気が散るたびに違うジャンルの本を読めばいいと助言したのです。

「散漫力がある」と肯定的にとらえ直したからこそ、浮かんだ手法でした。

彼はその後、順調に進級でき、医師国家試験にも無事、合格しました。

短所と思っていた性格や、弱みと思っている面は、とらえ方を変えれば財産にも変わります。

さあ、あなた自身の短所だと思っているところを、長所に言い換えてみましょう。

自分が今「ダメだなあ」と考えたり、欠点だと感じている性格を、実は長所やチャンスなのだと発想を切り替えることが大切なのです。

自分の本当の気持ちを知る

私のところにくるクライアントはさまざまな悩みを抱えてカウンセリングを受けにきます。

「職場の役に立ちたいのに、ちゃんと働きたいのに、なかなか思うようにがんばれないのです」

という女性がいました。この女性に対して、私は、

「ちゃんと働きたい、というのがあなたの本当のしたいことですか。もし、ちゃんと働かなくていい、という状況であれば、あなたはほかに何をしたいですか？」

ときいたら、

「ちょっと休みたい、かもしれません」

と答えました。

この女性は、仕事や人間関係に少し疲れていたのでしょう。しかし根が真面目で優しいために、「役に立たなきゃ」「ちゃんと働かなきゃ」と思いすぎていたのです。**その後ろにある、本当の自分の気持ちに気づいていなかったのです。**

この女性はめずらしい例ではありません。

人は疲れているとき、何がしたいのかわからなくなっていることが多いものです。**「自分の気持ち」が少し見えなくなってしまっているのです。**

ちょっとしたことで部下を叱りつけてしまう上司も、「怒りたい」のではなく、「営業成績のプレッシャーから逃れたい」「穏やかに働きたい」などの本音が隠れていたりします。

ついイライラしてしまうという部下には、本当はもっと上司や同僚から「大切にされたい」という願望があったりするのです。

アドラー心理学の基本②「目的論」のところで「人の行動には目的がある」と書きました。

この「目的」が自分の本当の気持ちだったりするのです。

しかし「目的」を意識しながら働いている人は少ないものです。

あなたも、自分自身に問いかけてみてはいかがでしょう。

「あなたが本当にやりたいことはなんですか？」

「あなたが本当に望んでいる状態はなんですか？」

「今はないけれど、それがあるといいなと思う環境はなんですか？」


自分に向き合い、自分の本当の気持ちを知る。

こうしたことが大切なのかもしれません。

習慣3

失敗や欠点を糧にする

アドラーの言葉

すべての人は劣等感を持っている。
しかし、劣等感は病気ではない。
むしろ、健康で正常な
努力と成長への刺激である。

(『個人心理学講義』より)

例えば、心理学者や精神科医に「どうしてこの道に進まれたのですか？」ときくと、「思春期の頃、人間関係に悩んでいたので」とか「赤面症の自分がイヤで……」と答えることがあります。

一方で同じように人間関係に悩んだり、赤面症であっても、そのことを気に病んで、ひきこもりになったり、鬱々《うつうつ》とした人生を送ってしまうこともあります。

アドラー自身、体が弱いことや背が低いことに劣等感をもった人でした。しかし、その劣等感をバネに、医師になり、またアドラー心理学をつくり出しました。

失敗や欠点をゼロにすることはできません。

しかし、失敗や欠点を糧にして建設的な方向に進むかどうかは、自分で選べるのです。

ハンデや逆境を生かす

アドラーもまた、欠点、短所との闘いのなかで人生を切り拓いてきた人です。

これまでに出版されている伝記やエピソードを読むと、いかに苦しみながらアドラーが人生を過ごしてきたかがわかります。

アドラーの少年時代はくる病やぜんそくをはじめとして病との闘いの連続でした。また、成人後の身長も154センチと極めて小柄だったアドラーは、一般的な身長で健康な肉体をもつ1歳4カ月年長の兄・ジークムントに対する劣等感を抱えていました。

アドラーは、2歳くらいの頃を振り返って次のように語っています。

「私の早期の記憶の一つは、くる病のために包帯をした私がベンチに座っていて、私の向かいに健康な兄が座っているという場面である。兄は楽々と走ったり飛び跳ねたり動き回ったりできるのに、私はどんな運動をするにも緊張と努力が必要だった」

思いどおりに動かない体。苦しい病との付き合い。身近にいる健康で普通の体をもつ兄の存在。

アドラーは人生のスタート時、自分の体の劣等性や兄に対する劣等感に、人一倍悩みました。

しかし、そのことを人生のハンデとせず、むしろそれを生かしてアドラー心理学をつくり出しました。

「どんな生育環境であっても、どんなに身体的ハンデ（劣等性）があっても、人間には自分の生き方を選択し、決断する自由意思が備わっている」

というアドラー心理学は、そんなアドラーだからこそ確立できた心理学のように思います。

アドラーは、「劣等感のアドラー」という言われ方をすることがよくあります。〝誰か「劣等感」とは「背が低い」とか「学歴がない」とか「美人じゃない」など、**と比べて主観的に自分を劣等だと感じること**〟です。

さらにいうと劣等感とは、「他者との比較」で使うだけではありません。「仕事がスムーズにこなせない」「もっと役に立つ仕事がしたいのに、できない」「もっとうまく体を動かせたらと思うのに、やれない」といった「こうありたいと思う目標」と「**現実の自分」とのギャップに直面したときにもつマイナスの感情**も含めます。

つまり、「**他者と比べて劣っている自分**」や「**思ったとおりにできない自分**」に**対してもつマイナスの感情が、〝劣等感〟**です。

アドラーはこの劣等感を否定しません。

それどころか「人は目標をもつかぎり、劣等感をもつ」と言っています。

しかし、**大事なのは、「その劣等感をどう生かすか」**です。

劣等感を建設的な方向に生かすのか。それとも自己否定の材料に使ってしまうのか。

ある男性営業マンは「背が低い」ことに劣等感をもっていました。しかし、「だからこそ、人に威圧感を抱かせずにマイルドな接客ができる」ととらえ、積極的に仕事に取り組みました。

一方で、同じように「背が低い」ことに劣等感をもつ男性営業マンがいました。彼は、「背が低い」ことが気になって、仕事にも積極的になることができません。背が高くて仕事ができそうなお客さまが相手になろうものなら萎縮《いしゅく》してまともに接客さえできません。「こんな背の低い僕なんか……」と嘆く日々を送っています。

さて、どちらが劣等感をうまく生かしているでしょう。

欠点や短所のない人間なんて、どこにもいません。

たしかに欠点や短所に向き合うことは、時に苦痛を伴います。

自分なんてダメだと、思ってしまうかもしれません。しかし、その痛みの先には実りもまたあるのです。

それはアドラーの人生が物語っています。

今、自分が抱えている欠点も短所も、きっと明日の糧になるのです。

不運も輝きに変える

年末によく演奏される「第九」や「運命」などの曲で有名なドイツの名音楽家ベートーヴェンは、聴覚障害を偉大なる想像力によって克服した人でした。

ロマン・ロランの『苦悩の英雄ベートーヴェンの生涯』によれば、ベートーヴェンは、25歳から耳の病気が始まったようです。

ベートーヴェンは、音楽家にとって最も重要だといえる「耳」に障害をもったのです。

「耳が聞こえないから音楽は続けられない」と絶望しても仕方がないといえる不運でしょう。

しかしベートーヴェンは違いました。

「耳が聞こえなくても音楽は続けられる」とその後も精力的に音楽活動を行ったので

す。かの有名な「運命」も「第九」も、耳が聞こえなくなってからの作品です。
ベートーヴェンの場合は、苦悩を糧にして作品へと昇華していったわけです。

「苦悩の色が濃いほどに歓喜は輝きを増す」

とは、彼の言葉です。

この言葉にふさわしい人生だったといえます。

人は生きていれば、病気になることも怪我《けが》をすることもあるでしょう。

不運としかいえない事故に遭って怪我をすることもあります。

そのときに、「病気」や「怪我」をしてしまった運命を恨んで落ち込むこともあるでしょう。

しかし、「病気」や「怪我」をした、それだけでは人生は決まりません。

その「病気」や「怪我」をしたことをどうとらえ、どう乗り越えるかはあなたが決められるのです。

そしてそのあなたの選択によってあなたの人生が決まるのです。

今、目の前にある不運は、必ずしも人生を邪魔するものになるとはかぎりません。

それはベートーヴェンの人生が物語っています。

「勇気を出せ。たとえ肉体に、いかなる欠点があろうとも、わが魂はこれに打ち勝たなければならない」

これはベートーヴェンが25歳のとき、手帳に書き込んだ言葉です。

ベートーヴェンの人生を思えば、私たちに立ちはだかる不運、障害、苦悩は、色あせて見えます。

アドラー心理学の基本①「自己決定性」のお手本のような人生といえます。

「職場のせい」をやめてみる

アラブに次のような寓話があります。

オアシスの周辺でいつも暇そうにしている老人がいました。ある日のこと、家族連れの旅人が通りかかり、老人に尋ねました。

「おじいさん、私たちはこの町に引っ越してきたのですが、この町の人たちはどんな人たちですか?」

老人はその問いに答えず、逆に質問しました。

「あなたが以前に住んでいた町の人たちはどんな人たちだったかな?」

「いやー、ひどい人たちでした。みんな意地悪で、子どももよくいじめられたものです」

答えが返ってくると、老人は言いました。

「残念だねー。この町の人たちも同じようなものさ」

旅人は失望してオアシスを後にしました。

しばらくすると、別の旅人がやってきて、やはり暇そうな老人に尋ねました。

「おじいさん、ちょっと教えてください。私たちは、他の町からやってきた者ですが、この町の人たちはどんな人たちですか?」

老人は、直接答えず、やはり逆に質問しました。

「あなたが以前に住んでいた町の人たちはどんな人たちだったかな?」

今度の旅人の答えは、さっきの旅人とはまったく違っていました。

「町の人たちはとても親切で、心の優しい人ばかりでした。あの人たちと別れるのはとても寂しかったです」

「それはよかった。この町の人たちも同じようなものです」

老人の答えは先ほどとは違っていました。

旅人は安心して転居先を目指しました。

両方のやりとりを聞いていた若者が老人をなじりました。

「おじいさん、あなたちょっと無節操ではないですか？　前の旅人にはひどい町だと言い、後の旅人にはいい町だと言ったりして」

すると、老人は言いました。

「なーに、実際、ひどい人ばかり、いい人ばかりいるわけではない。その人の周囲の状況はその人がつくるものさ。まるで自分の心の鏡のように」


この話はどうやら、「どんな環境も自分しだい」を暗示する寓話のようです。

さて、ひるがえって、「町」を「職場」に置き換えたらどうでしょうか。

働いていれば、転職や異動などで、職場を替わることもあります。時には、不本意な異動もあることでしょう。自らの希望で転職したにもかかわらず、働いてみたら予想と違ったということもあるでしょう。

しかし、それでもその職場でどう働くかは、あなた自身が決められるのです。

アドラー心理学は、環境によって人間が影響を受けることは肯定しますが、「その人が生きる環境は、その人がつくり出すものである」ともとらえています。

今いる職場に対して不満を感じたときは、「どんな職場でも自分しだい」と自分自身に言いきかせてみてはいかがでしょうか。

失敗を「客観的に」振り返る

「私の苗字は武田です。竹田ではありません」

私は、取引先から怒りを押し殺したこんなメールをもらったことがあります。今振り返っても「あー、やってしまったな」とへこむような苦い思い出です。

しかし、その後は、必ず名前を確認してからメールを送るようになりました。

これは、**失敗したからこそ生まれたいい習慣**です。

また、朝出るときに携帯電話が見つからなくて会社に遅刻をして以来、必要なものは一つの場所にまとめておくようにもなりました。

このように、「失敗」は、とらえ方しだいでは、その後「糧」になるようなものばかりなのです。

失敗する前より、うまくできるようになった自分に気がつくはずです。

失敗することは「ダメなこと」ではありません。「あってはならない」わけでもありません。

失敗には、人生をよりよいものにする鍵や明日の糧が眠っているからです。

では、失敗をどのようにして「糧」にすればいいのでしょう。

失敗を糧にできるかどうかは、失敗と向き合えるかどうかです。

もっと具体的にいうと、**失敗した出来事を「客観的に」振り返ることができるかどうかです。**

例えば、見積書の金額を大きく間違えて取引先から厳重に注意されたという失敗をしてしまったとします。

失敗をした直後は、「やってしまった」「なんてバカな自分なんだ」と大きく落ち込むかもしれません。失敗を振り返ると、心の痛みばかりがぶり返してきて、とても失敗を「客観的に」見ることは難しいかもしれません。

しかし、そのまま蓋をしないことです。

恥ずかしくても、心が痛くても、少し落ち着いて冷静に失敗を振り返ることができ

るようになったら、ミスをした経緯を「客観的に」振り返るのです。

そして、その次にかならず「どうすれば見積書のミスが起きないようになるのか」を考えるのです。

「見積書の金額を間違えないように数字のチェックを細かくする」「見積書を取引先にもって行く前に、再度、別の人に見てもらう体制をつくる」など、自分なりの対処法が浮かんでくるはずです。

失敗をしてショックを受けても、そこで失敗に蓋をしない。

気持ちを落ち着けてから「客観的に」振り返る。

そして、「糧にするにはどうしたらいいか」を考える。

この行動が失敗を糧に変えてくれるのだと思います。

習慣4 負の感情とうまく付き合う

アドラーの言葉

人の力の追求、支配欲を
まさに象徴化する情動は、怒りである。
この表現形態は、怒る人が直面するあらゆる抵抗を
迅速に力ずくで打ち負かすという目的を
はっきりと示している。

（『性格の心理学』より）

感情には、うれしい、楽しい、幸せなどの「プラス」のものと、怒り、悲しい、つらいなどの「マイナス」のものがあります。

ただ、「プラス」の感情だから「良い」感情で、「マイナス」の感情が「悪い」わけではありません。

親しい人が亡くなったり、理不尽な出来事に遭うことは生きていればあるでしょう。そのときに悲しんだり、怒ったりするのは当然のことです。

しかし、あまりにも「怒り」や「悲しみ」などの負の感情に振り回されて自分を見失う人がいます。人生を台なしにしてしまう人がいます。

それではもったいない。

この章では、「負（マイナス）」の感情とどうやって付き合っていくかについてお話ししましょう。

負の感情をパートナーにする

・「私なんて、ぜんぜんダメだ……」と自分を卑下する
・「あいつがうらやましいなぁ」と人のことをうらやむ
・イライラして、仕事が手につかない
・落ち込んでなんにもやる気がわいてこない

私たちは毎日の生活のなかで、さまざまな負の感情にとらわれます。

そして、この負の感情があるために、「仕事が進まない」「人間関係がこじれる」など、悩むことが多いのも事実です。

アドラー心理学では、負（マイナス）であれ正（プラス）であれ、「感情」を次の3つのように説明しています。

1. 感情は「あるきっかけ」があってつくり出され、特定の「相手」に対して、なんらかの「目的」をもって使われる
2. 感情はコントロールできる
3. （負の感情も含め）感情は、自分のパートナーである

例えば、負の感情のうち、最も悩みとしてあげられることが多い「怒り」を例にしましょう。

大事な打ち合わせに部下が遅れてきたことに対し、Aさんが「怒り」を抱いた場合です。

Aさんの「怒り」という感情は、「部下が打ち合わせに遅れること」をきっかけに、生まれます。

Aさんは、Aさんの「心のメガネ」を通して「部下が打ち合わせに遅れる」という現実を見るわけです（基本④「認知論」参照）。

この場合のAさんの「目的」は、「怒ることで部下に時間を守らせたい」です。

もちろん「相手」は部下です。相手が上司であれば、「打ち合わせに遅れる」ことをきっかけに「怒る」人はそうはいないものです。それは、「上司に時間を守らせたい」という「目的」の手段としてはふさわしくないからです。

このように「怒り」という感情を考えていくと、「怒り」はAさん自身が「怒ることを選択している」といえそうです。であるならば、「怒り」はコントロールできるのです。

「怒り」も含め、感情はコントロールできる。

だから、感情は自分のパートナーである。

こうとらえているのがアドラー心理学です。

怒りや悲しみ、落ち込むなどの「負の感情」は、うまく付き合っていかないと人生にとってマイナスになることが多いのも事実です。

負の感情を自分のパートナーと思い、上手に付き合っていきたいものです。

「不機嫌の本当の理由」に向き合う

私がサラリーマンだった頃、ある上司は「帝王」とあだ名をつけられていました。あまりにも不機嫌でいることが多く、唯我独尊の人柄だったからです。

部下の間で、「帝王」の個室に呼ばれた同僚が戻ってくると、「天気はどうですか？」と尋ねるのが常になっていました。

「天気」とは、もちろん「帝王のご機嫌」です。

「晴れだよ」「曇り、かな」から「雨だね」「雷だ！」などと、天気になぞらえては、彼の機嫌を気にしていました。

私の記憶では「晴れ」のときもあることはあるのですが、「曇り」か「雨」が多かったような印象があります。つまり帝王は不機嫌なことが多かったのです。

そして、とにかく部下たちは、帝王の不機嫌を恐れていました。

この「不機嫌」という感情について、アドラーは、『アドラーのケース・セミナー』のなかで、不機嫌なことが多い少女の話と絡めて、次のように述べています。

「この子が社会的なつながりを取れないこと、その結果、不機嫌であることが彼女に残された活動のほんの数少ない領域の一つだということを示しています。不機嫌であることは、彼女の母親を拒む最良の手段でもあり、だからこそ、不機嫌であることを好んでいるのです」

つまり、**「不機嫌でいること」は、「母親を拒むための最も良い手段」だったと述べているのです。**

アドラー心理学の基本②「目的論」を思い出してください。

アドラー心理学では、「なぜ少女は不機嫌なのか」と原因論で見るのではなく、「何の目的があって不機嫌でいるのか」と「目的」を見ます。

不機嫌な態度をとると、周囲の人は「彼／彼女に何があったのか？」と原因を探ろうとします。

しかし、本当は「他人と心理的な距離をとりたい」や「目の前の課題から逃避したい」などと実現したい「目的」があると考えたほうが適切かもしれません。

不機嫌という感情の「目的」を考える。

かつての上司である「帝王」も、不機嫌は手段です。部下たちを支配するために距離を置こうとしていたのでしょう。だから、部下の態度や仕事ぶりが「原因」で不機嫌になっているわけではないのです。

もし、あなたが誰かに対して、イライラする場合、あるいは、つい不機嫌そうな態度をとってしまう場合、

「私は何が目的で不機嫌でいるのだろう」

と考えてみるといいでしょう。

「負の感情」と付き合い、コントロールするためにとても重要なことです。

「悪気はない」の視点で考え直す

ある会社での出来事です。

課の忘年会があり、お開きになったあと、課長は帰り際、幹事をしてくれた部下Aに、「僕はここで失礼するので、これで楽しんでおいで」と2次会の費用として1万円を渡しました。

その後、2次会は自然発生的なものだったこともあり、二つのグループに分かれました。部下Aさんのいるグループ5人は飲みに行きました。部下Bさんは、5人でカラオケに行きました。

問題が起こったのは翌日です。

部下Aさんにだけ課長がお金を渡していたことを知ったBさんは、課長に対して憤り、抗議に行きました。

「課長はひどいです。Aさんのグループにだけ2次会のお金を渡すなんてえこひいきだと思います。見損ないました」

課長はびっくりです。なんの意図もなしに、「みんなで楽しんでおいで」という気持ちからAさんに1万円を渡しただけなんですから。しかも、Aさんに渡したのは、幹事のAさんが帰るときに近くにいたからというだけだったのです。

ここで、Bさんの抗議のなかにある「怒り」という感情について考えてみましょう。

Bさんの抗議の発言のなかで、客観的な「事実」はどれでしょう。

「Aさんに2次会のお金を渡した」ことだけです。

「えこひいきをした」「ひどいことをした」という事実はないわけです。これはあくまでもBさんの「主観的なとらえ方」です。

また、Bさんの発言のなかで注目したいのが、「Aさんのグループにだけ」と言っているところです。課長の意図を勝手に推測して、「わざわざAさん一人を選んで」という意味づけをして「Aさんのグループにだけ」と言っています。

これもBさんの勝手な推測なので「主観的なとらえ方」といえます。

このBさんのケースのように、**人間関係がこじれる場合、客観的な「事実」に対して、歪んだ「主観的なとらえ方」をすることが少なくありません。**

「あいさつしたら返事がなかった」という「事実」を「無視した」ととらえる。

「上司は私にアドバイスをしなかった」という「事実」を「ダメなやつだと思われている」ととらえる。

「忙しそうだったので仕事を助けたのにお礼がなかった」という「事実」を「好かれてない」ととらえる。

いずれも、「事実」を自分なりに（主観的に）とらえた結果です。

たしかに、「無視した」可能性も捨てきれませんが、「聞こえなかった」ということもあります。あるいは、その日は体調が悪かったのかもしれません。

「返事がなかった」という対応だけで「無視した」というのは、主観的な意味合いが強いかもしれません。

「上司は私にはアドバイスをしなかった」という「事実」にしても、「信頼している から任せられている」ということだってあります。「たまたま忘れていた」ということだって人間だからあるでしょう。

「お礼がなかった」のも同様です。「お礼を言うのを忘れている」こともあるでしょうし、「忙しくてそれどころじゃない」のかもしれません。

このように、不満や不快な感情を抱くときは、

「【事実】を自分で勝手に曲げてとらえすぎてないか?」

と胸に問いかけてみるのも一案です。

「【返事がなかった】からといって【無視した】ととらえていいのか?」

「【アドバイスをしなかった】からといって、【ダメなやつだと思われている】というのは、早計ではないか?」

「【お礼がなかった】からといって【好かれてない】と決めつけていいのか?」

などと、このように**「悪気はなかったのかも?」と少し頭を冷やして考え直すクセをもつことをおすすめします。**

「みんなって、本当にみんな?」と問い直す

友がみな　われよりえらく　見ゆる日よ　花を買ひ来て　妻としたしむ

右は石川啄木《たくぼく》の有名な短歌です。

ここで注目したいのは、「友がみな」としているところです。

落ち込んでいるときや、みじめな経験をしたときは、つい自分のまわりの人すべてが、自分より「素晴らしい」「えらい」「すごい」と感じてしまうものです。

かくいう私もそういう経験があります。

35歳のとき、私は会社を辞め、一時期「無職」になったことがありました。

そのとき、カード会社から「岩井さまは、カードのご利用資格を喪失されました」と通知を受けたのです。

ただ、カードの利用資格を失っただけなのに、カードを持っている人がみな自分より「ちゃんとした大人」で「えらい人」のように感じてしまったことがあります。むろん「カードを持っているかどうか」でえらいかどうかが決まるわけではありません。

しかも、「カードを持っている人がみなえらく見える」のは明らかにものの見方として歪んでいます。大げさです。

アドラー心理学の基本④「認知論」でご紹介したように、「人はそれぞれ自分独自のものの見方・考え方を通して現実を意味づけて」います。

けれどもそうした「ものの見方・考え方（認知）」のうち「常識と折り合いがつかないほど離れた認知」を、アドラー心理学では、「基本的な誤り」（ベーシック・ミステイクス）と呼んでいます。

基本的な誤りの一つに「見落とし」というのがあります。

見落とし——「誰も自分の話になんて耳を貸さない」と、一人や二人は聞いてくれていたとしても、それを見落として「誰も」「みんな」「いつも」などと一事が万事そうなのだという表現です。

「友がみなえらく見える」「カードをもっている人がみなちゃんとした大人に見える」という認知は、この「見落とし」に当たります。「誰もわかってくれない」とか「みんなが冷たくあたる」という不満や不安はこの「見落とし」からきています。

「誰もわかってくれない」という悩みをもつ人の話をよくよく聞いてみると、何人かは理解のある人がまわりにいるものです。「みんなが冷たくあたる」と嘆いている人の話をよくよく聞いてみると、温かい対応をされているのに気づいていなかったりすることもよくあることです。

さて、翻ってあなた自身、不安や不満に思うとき、つい、「誰も」とか「みんな」などと大げさに言ってしまうことはありませんか。

それに気づいたら、「みんなって、本当にみんな？」「誰もって、一人残らず誰も？」と自分自身に問い直してみることです。

「決めつけ」をやめる

アドラー心理学の説く「基本的な誤り」のなかには、「決めつけ」というのもあります。

「あの人は私のことが嫌いに違いない」などと、事実はそうではないのに決めつけて、その観点からでしか物事を見ないことです。

例えば、会議の場で「それは違うんじゃないかな」と反対意見が出たとします。好きな人、味方だと思っている人であれば、「どこが違うのだろう?」と素直に耳を傾けるはずです。

しかし「私のことが嫌いに違いない」と思っている人であればどうでしょう。「嫌いだからって、なんでもかんでも私のことを否定している!」と批判的にとるのではないでしょうか。

たとえ建設的な意見で参考にすべきものだったとしても、冷静にきくことができなくなってしまいがちです。

また、「あの人」が私のことを好きか嫌いかは、ちゃんときいてみないとわからないことも多いものです。誤解やズレが多いのが人間関係だからです。

このように「決めつけ」をすることで損することはたくさんあります。

「決めつけ」は、「〜に違いない」「〜のはず」「必ず」など、断定するような言葉となって現れがちです。

「この先ずっとダメなはず」「大事なときにかぎって必ず失敗する」というように。

そんな「決めつけ」をしている自分に気づいたら、

「本当に？」

「証拠は？」

と問いかけてみてください。

「そうか、カン違いか」「決めつけてただけか」とすとんと納得できることも多いはずです。

まわりの人の常識と折り合いをつける

職場の歓送迎会で飲みに行ったときのことです。

上司をはじめとして、ほとんどの人が、

「とりあえず、ビール！」

と手を上げました。

「私はウーロン茶です」

と飲めない人が二人ほどそう注文しました。

そのなかで、たった一人、新入社員が、

「あ、カシスオレンジください」

と少し手間のかかるお酒を注文しました。

新入社員をのぞく、そこにいた社員は驚いてしまいました。

このような場面は、最近では見かける光景ではないでしょうか。

基本④の「認知論」でもお話ししたとおり、私たちは、一人ひとり「ものの見方や考え方（認知）」が異なります。「自分独自のメガネを通して現実を見ている」わけです。

だから、ものの見方や考え方（認知）が他人と違うことは問題ではありません。

しかし、「なんだか物事がうまくいかない」「対人関係でつまずいてばかりいる」という場合、この「自分独自のものの見方・考え方」が極端にまわりとズレていることが原因だったりします。心のメガネの歪みが激しいのです。

「自分独自のものの見方や考え方」が今いる集団の「常識」の範囲内なら問題ありません。

ただ、その常識と折り合いがとれないくらいズレていると、まわりの人が振り回され、自分もまわりの人も困ることになってしまいます。

例えば、

「私を裏切った人は仲間はずれにしていい」

「お客さまであろうと、上司であろうと頭を下げたくない」

などの極端な例を出せばわかりやすいと思います。

こうした「自分独自のものの見方や考え方」をもつ人とは付き合いづらいのではないでしょうか。

アドラー心理学では、「ものの見方や考え方があまりにも常識とされていることよりはずれている」場合は、修正していったほうがいい、と考えます。

また、「共同体と折り合いをつけていくセンス」を重要視しています。

あなたが属している組織、団体、社会などの「共同体」のなかで大勢を占める感覚とあなたの感覚とがかけ離れていて、かつ建設的でない場合は、少しずつ歩み寄る姿勢が大事なのです。

冒頭の例でいうと、「乾杯をするのに、時間がかかる飲み物を頼んでしまったら、先輩方に時間をとらせてしまうからダメ」と考える人が多い集団の場合は、その集団の常識に合わせたほうが仕事や人間関係がスムーズになるのもまた事実なのです。

ただ、時代も変わってきています。

「みんなで飲むんだから、楽しく飲もう。それぞれ好きなものを飲んだほうがいい」と考える人が多い職場であれば、問題ないでしょう。

自分が今いる集団における「常識」と、ある程度折り合いをつける姿勢も大事にしたいものです。

「○○さんなら、どうするだろう」と仮定する

私はアドラー心理学をジョセフ・ペルグリーノ博士に学びました。

ペルグリーノ博士は、アドラーの長男カート・アドラーなどにアドラー心理学を学んだ人で、「シカゴ学派」「ニューヨーク学派」「サンフランシスコ学派」といった、北米に伝わるアドラー心理学のすべてを学んだ世界で稀有《けう》な心理学者です。

ペルグリーノ博士とメールでやりとりをしたり、実際に会話をしていると、よく「generosity」という言葉に出くわします。日本語でいうと「寛容」です。

博士はまさに「寛容な人」です。

私が、ついつい先延ばしをして博士から頂いたメールに長い間返事を書かなくても、「トシ（私のこと）は、仕事で忙しくてなかなか返事を書くゆとりがないのだろう」と善意に解釈してくれます。

また、博士があるワークショップを主催したとき、私が依頼されていたことをきちんとやっていなかったこともありました。

すると「別な展開をするから大丈夫」と、即興で対応してくれたのです。

対人関係で大切なのは、この寛容さだとつくづく勉強になりました。

私は博士から、アドラー心理学だけでなく、「寛容な心」という人生の指針をも学んだのです。

今でも人生の師として尊敬し、アクシデントに見舞われたり、失望したり、人から攻撃的な対応を受けたりしたとき、

「こんなとき博士ならどう考えるだろうか」

と、博士の発想を仮定してみます。

イライラしたり、失望しそうになったら、寛容な人、心の広い人を思い浮かべて、

「彼（女）だったら、どういう対応をするだろうか」

と考えてみてはいかがでしょうか。

「要求」よりも「ほのめかす」を大事にする

「上司」や「先生」あるいは「得意先」「親」など、立場が上の人が時としてもってしまうものに「支配欲」があります。

そして「支配欲」がコントロールできないと、つい「怒り」や「不機嫌」「脅し」などの負の感情を使って「言うことをきかせたい」「思い通りにしたい」となり、人間関係や職場の雰囲気、仕事にマイナスの影響が出がちです。

かくいう私もカウンセリングをするときは「先生」の立場です。そのときには、**クライアントに対して「○○してください」と「要求する」ことをしないよう気をつけています。**

また、「○○してみてはどうでしょうか」と「提案する」こともあまりありません。

それは、前項でお話ししたペルグリーノ博士の姿勢から学んだことです。博士から学んだこととして、もう一つ印象に残っているのは「suggest（ほのめかす／示唆する）」という言葉の使い方です。

博士は「propose（提案する）」や「request（要求する）」という言葉をほとんど使いません。

代わりに博士が好んで使うのが、「suggest」なのです。

つまり、あからさまに明示するのではなく、「ほのめかす」わけです。そうして本人に気づかせるのです。

「ほのめかす」のですから、気づいてもらえないこともあります。しかしあくまでも**博士は「ほのめかす」、つまりは「相手を否定することなく、自分の意図をやんわり伝える」のです。**

カウンセラーとして、この姿勢は大事にしたいとつくづく感じます。

習慣5 建設的に考える

アドラーの言葉

すべての人の目標は、優越するというものである。
しかし、勇気と自信を失った人の場合は、
それは人生の建設的な面から
非建設的な面へと方向が転じられる。

（『人はなぜ神経症になるのか』より）

「仕事でちょっとした行き違いがあって取引先を怒らせてしまった」というとき、「出社拒否」をする新入社員と、同じ間違いを起こさないよう勉強する新入社員。

どちらが建設的でしょうか。

「失恋した」ときに、「死ぬ」という女性と、「次の男をみつけよう」とする女性。

どちらが建設的な対応でしょうか。

同じ出来事が起きても、同じことを経験しても、人によってとる対応は異なるものです。

アドラー心理学は、どんな環境に置かれようと、どんな運命が訪れようと、「建設的な方向」に進むことができるための心理学です。

建設的に考え、建設的に行動するために大切なことをこの章ではお話ししたいと思います。

「建設的」という判断軸をもつ

人間は同じ環境に置かれても、同じ劣等性をもっていたとしても、「建設的（創造的）」な人生か、あるいは「非建設的（破壊的）」な人生にするかは自分で選べます（アドラー心理学の基本①「自己決定性」）。

この「建設的」「非建設的」という考え方は、とても重要です。

アドラー心理学では、「良い」「悪い」や「正しい」「間違っている」よりもこの「建設的」「非建設的」の判断軸を大事にしています。

アドラーは、著書の中でさかんに「on the useful side of life（人生の建設的な側面で）」という表現を用いています。

ちなみに「useful」を「有益（役に立つ）」、「useless」を「無益（役に立たない）」と訳す人もいますが、私は「無益（役に立たない）」という訳語がしっくりこないので、あえて「建設的」「非建設的」と訳しています。

人生を幸せに満ちた充実したものにするためには、この「建設的」という考え方が大切です。

なぜでしょうか。

例えば、Aくんという営業マンが「Bが俺のお客さまを横取りしたんです。あいつは最低です。お客さまを俺に戻してください」と憤って、上司に訴えているケースです。

この場合、上司が「Bくんを叱ってAくんの担当に戻そう」としたところで、万事解決するでしょうか。

Aくんにとっては「Bがお客さまをだまして俺からお客さまをとった」と思っていますが、お客さまにとっては「担当が変わった」くらいのことかもしれません。

そのときに、お客さまのことを考えずにAくんを担当に戻したら、問題になることもあるでしょう。

いくらAくんが「Bは間違っている、俺が正しい」と主張したところで、Aくんが思うような行動をとることがはたして「建設的」といえるでしょうか。

このように、ビジネスの現場では、犯罪ではないけれども「その行動はどうだろう？ 間違ってないだろうか？」と疑問に思う場面に出くわします。

・嘘をついて、事実をごまかす
・横入りして、ずるしようとする
・悪口を言って、職場の雰囲気を悪くする

程度によりますが、いずれも犯罪にはあたらないことも多いでしょう。

そのときに、「俺が正しい」「あいつが間違っている」と言ったところで、問題は解決しません。

それよりも、

「横取りしたBくんはたしかに間違っているが、その後、会社のイメージも下げず、職場の雰囲気も悪くならず、売上が上がるためには、どうしたらいいだろう」という観点で考えたほうが「建設的」です。

「今後、どうしたらBくんは同僚の横取りをしないで売上を上げられるだろう」と考えるのでもいいでしょう。

あるいは、次のような行動もいいでしょう。

・Bくんの横取りという行為に憤りを感じはしたが、争うことをせず、「今後はしないでほしい」とBくんに伝える
・Bくんの行為に落ち込んだが、そんな気持ちを抱えながらも自分がやるべき仕事に集中する

いずれも「良い」「悪い」「正しい」「間違っている」ではなく、「建設的」という判断軸をもった人の選択です。

楽観的に考え、今できることをする

「建設的に考える人」は、ある種の「楽観性」を持っています。楽観的な性格なのです。

こうお話しすると、「楽観性」について、「能天気」や「極楽とんぼ」といったイメージをもたれるかもしれません。しかし、それは誤解です。

アドラーがよく話していた『二匹のカエル』という寓話は、「楽観性」をもった生き方について、わかりやすく教えてくれます。

ある日のことです。ミルクがたくさん入った壺の縁で、二匹のカエルが跳び回っていました。

しかし、ふとした拍子に二匹とも壺のなかに落ちてしまいました。

「もうおしまいだ」

二匹のうちの一匹は、そう言って泣きました。生き延びることをあきらめて、自分の最期を覚悟したのです。

しかし、もう一匹はあきらめませんでした。

自分の脚を何度となく動かし、なんとか壺から抜け出そうとじたばたしているうちに、なんと脚が壺の底についたのです。

何が起こったと思いますか？

ミルクの底の部分が徐々にバターに変わっていたのです。

「楽観性」をもっているのは、あきらめなかったカエルのほうです。

この話からもわかるように、**楽観的な人は、「あらゆる困難に希望を捨てずに立ち向かう人」と言い換えることができるでしょう。**

実際、アドラーは『性格の心理学』で、次のように述べています。

「楽観主義者は、性格の発達が全体として真っ直ぐな方向を取る人のことである。彼〔女〕らは、あらゆる困難に勇敢に立ち向かい、深刻に受け止めない。自信を持ち、人生に対する有利な立場を容易に見出《みいだ》してきた。過度に要求することもない。自己評価が高く、自分が取るに足らないとは感じていないからである。そこで、彼〔女〕らは、人生の困難に自分を弱く、不完全であると見なすきっかけを見出すような他の人よりも容易に耐えることができ、困難な状況にあっても、誤りは再び償うことができると確信して、冷静でいられる」

アドラーの言葉に引き寄せるなら、あきらめなかったカエルは、「自分は抜け出せる」と自分の力を信じていたのです。

だからこそ、ミルクのたくさん入った壺に落ちたという現実を「もうおしまいだ」と深刻に受け止めなかったのです。

そして、「自分は抜け出せる」と自分を信じて、今の自分にできることを必死でやった。

その結果、奇跡を生んだわけです。

困難なときこそ「自分は大丈夫」と、そうつぶやきながら、前を向いて歩くことが重要だということをこの話は教えてくれます。

困難なことがあっても、つらいことがあっても、まずは楽観的にとらえること。そして建設的な方向を目指して、今の自分にできることを一生懸命やること。

この楽観的な考え方こそが、物事を良い方向へと運んでいってくれるのです。

「最悪のことは、まずない」と開き直る

建設的に考えることの邪魔となるのが、よけいな「悲観的な妄想」です。

「こんな失敗をしてしまって、左遷されたらどうしよう」
「こんな間違いをして、きっと全員から罵倒されて、許してもらえないに違いない」
「この時点でこんなトラブルがあるなんて、得意先からは二度と信用してもらえず、契約もすべてパーで、私はリストラだ」

一つのトラブルが、頭の中でどんどん膨らんでいって、ついには心配で心配でたまらず、建設的なことを何も考えることができなくなる。「どうしよう」「どうしよう」とネガティブな妄想が頭の中をグルグル回って、心を支配されてしまう。そんな

状態です。

「自分は完全否定される」「職も失ってしまう」「すべてがダメになる」「もうおしまい」と連想ゲームのように悲観的な妄想を膨らませてしまう人もいます。

しかし、悲観的な妄想はあなたの頭の中で生み出したものであって、決して現実がつくり出したものではありません。

過去の失敗や他人の失敗を無理やり、今の自分の現実につなげて考えているのは自分でしかないのです。

実際、今まで「悲観的な妄想」をしたところで、本当にそのとおりの出来事に遭遇した人はどれだけいるでしょうか。

ここで大切なことは「最悪の事態は、まずない」と開き直ってしまうことです。

「最悪な事態はまず起こらない」。

悲観的な妄想に襲われたら、こうつぶやき、開き直るのです。いったん自分にブレーキをかけて、思考を建設的なモードに戻すことが大切です。

人のいい面をとらえる

ものごとを楽観的に考える人は、他人に対しても「悪いところ」ではなく、「いいところ」を見て接しようとします。

悲観的な人は、人と接する際にも、つい相手のなかに許せない部分を見つけてしまいがちです。これでは相手の粗ばかりを見つけることになり、建設的な関係をつくりにくくなりがちです。

例えば、ある夫婦の出来事です。

夫は、イマドキの男性らしく家事を手伝おうとします。ところが、どうしても妻のようにはうまくできません。妻からすれば、手伝ってくれるのはありがたいものの、床に水をこぼしたり、よけいな仕事を増やしている場合も多いものです。

こんなとき、あなたはどちらの言葉をかけているでしょうか（男性の場合は、どちらの言葉だとうれしいか、考えてみてください）。

①「ちょっと！　床がビショビショじゃないの。それに洗ってくれたこの食器、こんな洗い方じゃダメ。私だって疲れているんだから、よけいな仕事を増やさないでよ」

②「えっ、食器を洗っておいてくれたの？　うれしい。助かるわ（床の水濡れのことは指摘せず、自分で拭く）」

①はいわゆる「ダメ出し」です。

「床がビショビショ」「洗い方がダメ」などと、夫の行動のなかにある「できていない部分」だけをとらえて指摘しています。これでは相手のやる気をくじく対応です。

一方、②は、「食器を洗ってくれた」という「できている部分」に目を向けています。相手の行動を肯定することから始めているわけです。

この夫婦の目的は、「協力し合って家事をこなし、お互いが心地よい生活を送ること」と考えると、どちらが長い目で見て建設的といえるでしょうか。

もちろん、感謝されたことでやる気になって、今後とも家事を手伝ってくれる後者のほうが建設的といえるでしょう。当然、関係性も建設的な方向に向かいます。

こうした「相手のよいところに目を向けて言葉をかけること」を私は「ヨイ出し」と呼んでいます。私の造語で「ダメ出し」の反対語です。

相手の行動のなかにあるヨイ部分を積極的に探す努力をして、見つけた「ヨイところ」に肯定的な言葉をかける。

「ダメ」ではなく「ヨイ」を大切にするのです。

「相手の行動のヨイ点が見つからない」。そう考える方もいるかもしれません。しかしそれは、「見つからない」のではなく当たり前で目立たないことだから、「気がついていない」ことも多いのです。

「家事を手伝うという意思を見せた」「食器を割らなかった」「洗った食器を食器棚に入れた」「水洗いした後、蛇口をきっちり閉めた」など圧倒的多数のことは、「ヨイ」ことなのですから。

「なぜ」と問うのをやめる

「なぜ、うまくいかなかったのですか」

「なぜ、間に合わなかったのですか」

あなたは仕事でミスをしたとき、こう尋ねられて、どんな気持ちがするでしょうか。

自分を否定されているような、追いつめられているような気持ちになってしまう人は多いのではないでしょうか。

以前、ある研修で「ケアレスミスをした人（Aさん）」と「〝なぜ〟と質問する人（Bさん）」の役に分かれてロール・プレイングをやってもらったことがあります。

そのとき、ロール・プレイングが終わってから、参加者同士で感想を言い合う時間をつくりました。

Aさんの立場に立った人の側からはこういった意見が多く出ました。

「Bさん側の人は、いつもとは違ってとても意地悪に感じた」

「自分の人格そのものが、ダメであるかのように扱われた気がした」

「なぜ?」という質問は、基本②「目的論」でもお話ししたように、自然現象の解析などでは有益です。

しかし「人間の心」となると有益とはいえません。

例えば、上司と性格や仕事のやり方が合わないものを感じていた場合、「なぜ、自分は上司とそりが合わないのか(原因)」をいくら分析しても、上司との仲は好転するでしょうか。

「だからそりが合わないのか」と納得はするかもしれませんが、だからといって上司との相性が良くなったり、仕事がしやすくなったりはしないものです。

ならば、「どうしたら上司との仲がうまくいくようになるか(目的)」を考えたほうが建設的ではないでしょうか。

人間のやることに対して「なぜ」と問うのはなるべく避けたほうが無難です。

もしどうしても使わざるを得ない場合には、いくつか守るべきルールがあります。

まず大切なのは、連発しないことです。

次に、「やわらかい口調で言うこと」です。

質問をしていると、つい力が入って強い口調になってしまうことがあります。これもまた避けたほうがいいでしょう。

「なぜ」の代わりに「何のために？」と目的をきくか、「どうやって？」と手法をきくほうがいいでしょう。

どちらの言葉も、未来に生かすためにきく質問です。建設的な話になりやすくなります。

「たとえ困難であっても」で発想する

ある中小企業の社長が、業績不振に頭を悩ませていました。

売上高は前年比で30％も低下し「このままでは、会社がやっていけない。どうしたらいいものか」と、愚痴をこぼしていました。

相談を受けたコンサルタントは、社長の話を詳しく聞いてみることにしました。

「売上が下がった要因は、主にどんなことが影響しているのでしょうか」

コンサルタントの質問に社長は、こう答えました。

「もし、もっと景気がよければ売上が上がるのでしょうが、今は本当に厳しいです」

コンサルタントはなおも質問を続けます。

「景気は厳しいですが、それは御社だけじゃありませんよね。なかでも御社は売上高が30％も下がっています。その結果についての社長のお考えをお聞かせください」

社長はこう答えました。

「たしかに新商品の開発や、営業ルートの開拓など、やらないといけないことがたくさんあるのはわかっているのですが、資金面や人材不足で難しいのです」

結局、この会社は数カ月後に倒産してしまいました。

倒産の理由は社長の言葉に表れています。

「イフ(もし○○であれば、実現できるのですが)」

「イエス、バット（たしかにそうですが、○○なのでできません)」

会話のなかで社長はこの二つの言葉を使っています。不景気や資金不足、人材不足などを言い訳に、社長は困難と向き合おうとしていません。その意味でとても非建設的な物言いです。

こうした発想にとらわれているかぎり、苦境を乗り越えるのは難しいでしょう。

建設的に物事を考えるには、「イフ」や「イエス、バット」という発想から、「イーブン・イフ（たとえ○○だったとしても)」という発想に切り替える必要があります。

もし、先ほどの社長がこの発想で考えたなら、

「たとえ景気が悪いとしても、まだやれることがあるはずだと考えています」

「たとえ問題は山積みだとしても、自社の強みとなる部分をもっと探ったり、足りない部分は他社と力を合わせることで問題を解決できると思います」

という返事になったのではないでしょうか。

「たとえ困難な状況であっても、自分にできることはないか」と考えるのが「イーブン・イフ」の発想です。この発想のなかでは自分の能力や環境の劣等性は問題になりません。

困難に陥ったら、「イーブン・イフ」を使って考えてみる。

それがアドラー心理学における建設的な姿勢です。

習慣6 大局から見る

アドラーの言葉

われわれは、心も身体も共に
生命の表現である、と見ている。
それらは、全体としての生命の部分である。
われわれは、心と身体の相互関係を
その全体の中で理解し始めている。

（『人生の意味の心理学』より）

仕事のことで周囲とぶつかり、数日間落ち込んでいたとします。しかし、週末、山登りに出かけたところ、

「あ、ちっぽけなことで悩んでたな」

と思い直すことがあると思います。

悩んでいる最中は、問題が大きく見えがちです。

取引先にイヤな相手がいます。

しかし、あるとき、レストランで出会ったら、店員さんにとても気さくに、でも丁寧に接している姿を目撃します。

「あ、こういう面もあったんだな」

と見直すことがあると思います。

あなたがイヤだと思っている人も、いろんな角度からその人を見れば、いい面もあるものです。

この章は、人であれ、出来事であれ、「全体から見る」ための章です。

「そもそも論」で考え直す

「売れる商品を出すためにお金が必要」(営業・広報・開発)
「与えられた予算のなかで出すべき」(経理)

この二つの考え方は、どちらが正しいでしょうか。

どちらも正しいといえそうですね。

しかし、この二つが会議でぶつかり合ったら、どうでしょうか。

どちらが正しいかを話し合っても問題は解決することはないでしょう。

前章の「建設的に考える」を読んでいただいたあとであれば、もうおわかりのことだと思います。

この「正しい」という軸では解決できません。もっと「建設的」という軸で話し合

う必要があるでしょう。

「建設的に考える」場合に、大事な視点があります。

それは、「より広く」「より高く」「より大きな」視点から見ることです。

「大局から見る」ということです。

冒頭の場合、この二つの考え方より大きな視点から考える必要がありそうです。

例えば、「会社として利益を出す」という視点です。

「売れる商品を出すために追加でお金が100万円必要」だったところを、「利益を出す」視点から考え直し、「50万円にまで切り詰める」ことで落とし所をつける。

「与えられた予算のなかで出すべき」と思っていたけれど、「利益を出す」視点から考え直して、「今回は、3％予算オーバーする」ことを許す。

こうした少し大きな視点から考え直して歩み寄る姿勢が大切です。

あるいは、「そもそも」の根本から考え直すといってもいいかもしれません。

企業の「経理」として働いている人にとっては、「経費を切り詰める」のが仕事かもしれません。ただ、もっと大きな仕事は、そもそも「利益を出す構造に貢献する」ことです。

この後者のほうが、より大きな視点であり、「そもそも論」である根源的な考え方です。

「正しさ」でぶつかりあうことがあったら、もっと大きな視点や「そもそも」という根源的な視点で問題を見るようにしてみてください。

目の前の問題を棚上げする

「部下のAくんが真面目に働かないのには、ほとほと困っているんです」

職場や身の回りの人間関係で、「問題のある人」について悩みや不満をきくことは多いです。

たしかに、「真面目に働かないAくん」が部下や同僚にいたらと想像すると、ちょっと考えただけでも苦労する気がします。

けれども、ここで、アドラー心理学の観点から考えてみましょう。

「アドラー心理学の基本②「目的論」」および「アドラー心理学の基本⑤「対人関係論」」にも関連があります。

人間の感情や行動には、「目的」と「相手役」がいるのです。

Aくんが真面目に働かないのはどうしてでしょう。「真面目に働かない」ことによって、「俺は他人とは違う。もっと違う仕事を与えられるべき人間だ」とアピールしたいのかもしれません。これが「目的」です。**「真面目に働かない」ことで達成したい「目的」がある。**こう考えるのがアドラー心理学です。

またAくんのケースの相手役は「上司」です。職場での「Aくんと上司」の人間関係のなかでは、「不真面目」という面を出しているだけであって、Aくんの性格のすべてが不真面目なわけではありません。

Aくんは、どんな状況でも「真面目に働かない」わけではないのです。

家に帰れば、奥さんを助けてかいがいしく家事を分担するのかもしれない。あるいは、以前の職場の違う上司の下では、一生懸命働いていたのかもしれない。

であれば、現在の職場でのAくんの行動を見ただけでは、Aくんが「真面目に働かない人」とは断定できません。

この場合、「Aくんと上司」の人間関係のなかでは、「真面目に働かない」という関係性が成り立っているだけ、ともいえるのです。

対人関係において悩んでいるときは、相手の一部分を取り上げて全体を判断してしまっていることが多いものです。

Aくんの一面だけを見て、「Aくんは真面目に働かない人」と決めつけてしまうようなことがあるものです。

「Aくんと上司」という目の前の関係性だけに目を向けても、問題は解決しません。あえて、今の職場における「Aくんと上司」の関係性からは切り離して、もう少し大きな視点で考えてみるといいでしょう。

「家族に対しても不真面目だろうか」

「意欲的な仕事が与えられても不真面目だろうか」

「学生時代から不真面目だろうか」

と、他の環境、他の人間関係のなかで、Aくんを見る必要があるのです。

問題のある人に困った場合、まずは、その人を「問題のある人」と決めつけるのを

やめる。

そして、その人の問題をいったん棚上げする。

そのうえで別の人との関係性ではどうか、と考える。

こういう広い視点で問題のある人をとらえてみてはいかがでしょうか。

それだけで、また違った感想を抱くことも多いものです。

注意をするときは、仕事ぶり全体にもふれる

例えば、部下がミスをしたとします。

ついつい、すぐに叱ってしまうのではないでしょうか。

「君、ここ間違っているぞ。気をつけなきゃいけないじゃないか」

「このやり方じゃダメです。なんとかしなさい」

というように、ミスした行為だけをあげて注意しがちです。

たしかにミスをした場合は、そちらにばかり目が行ってしまうのはある意味、仕方がない部分もあるでしょう。

しかし、本当は「部下は大部分の仕事をちゃんとやっている。そのなかでミスをしたのは一部分」ということがたいていです。

なのに、ミスだけを切り取って注意してしまいがちです。

部下がミスしたのを注意するときに重要なのは「ミスは、その人の仕事のなかのほんの一部」という認識です。

その認識があれば、おのずから次のような対応になることでしょう。

「普段はちゃんと仕事をやってくれてありがとう。ただ、今回、ちょっとミスをしてしまったようだね。○○さんから報告を受けたよ。おそらく数字が違っているんじゃないかということだった。確認して、フォローしておいてくれないか」

と**普段の仕事ぶりを認めてから、ミスについてふれる。**

こういう姿勢をとれるものです。

ミスはあくまでもちゃんとやっている仕事のうちのほんの一部。

だから、**「仕事ぶり全体」にもふれつつ、ミスについて注意するといいでしょう。**

学びつつ、実践する

多くの勉強会に参加したり、話題になっている本を次々に読むことで、広い知識を得ようとするビジネスマンは多いです。

けれども、蓄えた知識のアウトプット（実践）となると「まだ人に向けて発信するほどのものがなくて」と及び腰になる人がいます。

不思議なことにこうした人は、何年たっても同じように「まだそれほどのものではないから」と言い続けます。

「インプット（知識）が十分でないとアウトプット（実践）ができない」と彼らはそう思っているのでしょう。しかし、私はこれは違うと思っています。

実践するからこそ知識（インプット）の量も増え、その質も高まっていくのではないでしょうか。

実践するのは、十分な知識を得てから。

こう考える気持ちもわからないではありません。

もちろん知識が足りなくて、恥をかくこともあるでしょうし、実践するさいには汗をかかねばなりません。

しかし、実践することで、まわりから新たな意見をもらうこともでき、学びの幅を広げることもできるはずです。

「まずは知識を得ることだけ」と別々に分けて考えずに、もっと全体を見ながら「知識を得ながら実践する。実践しながら知識を得る」というように同時進行でとらえてみてください。

対人関係についても同じことがいえます。

「人付き合いのコツを学んでから」といって人付き合いを遠ざけている人がいます。

しかし、コツを学びつつ、実際の人間関係のなかで実践していくことが人生をよりよいものにしていくはずです。

まわりの人と感覚を共有する

ある会社に「赤ペン課長」と異名をとる人がいました。

彼に書類を提出すると、やおら赤ペンを取り出して、「主語と述語が離れすぎで、何を言いたいのかわかりにくい」「ここは普通のカッコじゃなくて、二重カッコだろう」とコメントを書きこまれ、注意されて返されます。

そのうえ、他の部署長ならメールで連絡するようなことも、赤ペン課長は「プリントアウトしたものがほしい」と要求して赤ペンを入れます。そのせいで部下たちからも「俺たちは文章の添削教室の生徒じゃない」と、嫌がられていました。

赤ペン課長としては一生懸命だったのでしょうが、赤ペン課長は「がんばりどころ」を間違えています。

たしかに、赤ペン課長なりの考え方「正しい文章を書くこと」も大切です。

しかし、その考え方に固執するのは、職場の人間関係がこじれるもとになってしまいます。

日報などの毎日書くものには、多少誤字があっても、正しい文章でなくても「わかるから、まぁいいか」と大目に見てもよい傾向の書類もあるわけです。あるいは、企画書などは、「おもしろく（魅力的に）伝わる」ことも大切でしょう。

こういった書類すべてを「正しい文章を書く」ことにこだわって相手に強制するから、赤ペン課長は嫌がられたのです。

「正しい文章を書く」ことは文書を書くことの一部です。またもっといえば、「文書を書くこと」はたくさんある仕事のなかの一部です。

書類を書きあげることにばかり一生懸命で、外回りに行かない営業マンをどう思うでしょうか。

それこそ本末転倒といえます。

「正しい文章を書けない」からといって、仕事ができない部下ではありません。

もし赤ペン課長が部下との関係をよくしたい、職場の人間関係をよくしたいと考えるなら、「正しい文章を書くことにこだわる傾向が強い」という自分の思考グセに気づく必要があります。

そのうえでもう少し広い目線から見てみましょう。

「正しい文章を書くこと」は、どうして大事なのか。

「正しい文章を書くこと」より大事なことには何があるか。

これらを考えてから、「書類や仕事の目的によっては、正しさは重視しなくていい」**と職場の大多数の人がもつ感覚を共有できるようになるといいでしょう。**

「小さい問題」と「本質的な問題」を分ける

中学生、高校生の頃、日記をつけていたことがあります。

その日記には、本を読んだときに見つけた「いい言葉」を、書き残すようにしていました。今、振り返ってみると、そのとき日記に書いた言葉は自分の生き方のルーツになっているものも多いです。

なかでも私に大きな影響を与えたのが、ダンテによる次の言葉です。

「お前の道を進め。人には勝手なことを言わせておけ」

誰かから理不尽な非難を受けたとき、傷つく言葉を投げかけられたとき、私はこの言葉を思い起こします。すると、「しょせん、とるに足らないことだ」と心が落ち着き、勇気を取り戻すことができるのです。

人間関係で落ち込んだり、へとへとになったり、心がすりきれそうになることは多かれ少なかれ誰にでもあることです。

しかし、こういうときは「本質的な問題」と「小さい問題」をゴチャゴチャに考えてしまっているものです。「小さい問題」を考えすぎることが、「もう疲れたよ……」という状況に自分を追い込んでしまうのです。


本当に問題を解決しようと考えるなら、この二つをはっきり分けることです。


「小さい問題」は、とるに足らないこととして対処する。

一方で、「本質的な問題」には、全力をそそぐ。


「職場の人間に悪口を言われてつらい」というよくある悩みも、仕事でも私生活でもあまりかかわりあいのない人間に言われたのであれば、「小さな問題」です。悪口を言われた相手が「決定権のある直属の上司」であったり、「日に何度も」と頻度が多い場合と比べればずっと小さい問題です。

しかしもっといえば、直属の上司に毎日何度も悪口を言われたとしても、それが命を奪うことはまずありません。だから「本質的な問題」ではないともいえます。

例えば、交通事故に遭って怪我をしたときに、大切なのは、「一刻も早く処置をすること」です。これに比べたら、「かかりつけ医の話しやすい大好きな先生に診てもらいたい」というのは「小さな問題」です。

もし「かかりつけ医の大好きな先生に診てもらいたいから」と処置をしないでいたら、最悪の場合、命の危機に見舞われることもあるでしょう。

この例と同じく、仕事も人間関係も全力で解決すべきなのは、自分の人生や生命に実害を及ぼしかねない「本質的な問題」です。

誰かにムカッときたときや苦しい出来事にぶつかったときは、その人やその問題が、「本質的なのか」それとも「小さいことなのか」を自分の心に問いかけてみてください。

そうやって、「本質的な問題」と「小さい問題」を選別することで、ムダな怒りや人間関係の疲れから解放されることでしょう。

より多くの人の「常識」から考える

『小泉八雲集』（上田和夫訳、新潮文庫）に「常識」という短編があります。教訓にとんだ話なので、話をかいつまんで、ご紹介させてください。

昔、京都・愛宕山の小さな寺に黙想と読経に余念がない高僧がいました。あるとき猟師が捧げ物をもってお寺にやってきました。猟師に、高僧は言います。「毎日、修行をし、読経をしている功徳として、毎晩、普賢菩薩が白い象に乗ってこの寺にいらっしゃるようになった。お前も今夜、ここでその菩薩様を拝めるぞ」信じられなかった猟師は、寺の小僧に本当かどうか確認してみました。すると小僧までも「今まで6度も普賢菩薩を拝むことができた」と言います。猟師は、いっそう疑いを深めましたが、奇跡の実現を待つことにしました。

いよいよそのときがやってきました。東の方角に星のような一点の白い光が見え、その光はだんだん大きくなって、白い象に乗った貴い菩薩の姿になりました。その菩薩の姿を見て、高僧と小僧は平伏しました。そして異常な熱心さで読経を始めたのです。

と、ふいに猟師が二人の背後に立ち上がりました。手に弓を持って満月のように引き絞ったかと思うと、普賢菩薩に向かって矢を放ったのです。

矢は菩薩の胸に深く突き刺さりました。たちまち大音響とともに白い光は消え、菩薩の姿も見えなくなり、お寺の前は、静かになりました。

「お前はなんという極悪非道の人だ。何をしてくれたのだ」

高僧は、涙とともに叫びました。

これに対して猟師は反省のそぶりも見せずにこう言いました。

「あなたは、年来の修行と読経の功徳により普賢菩薩を拝むことができるとお考えになりました。だとしたら、殺生《せっしょう》をしている自分や、功徳のない小僧には見ることができないはずです。あなたがご覧になったのは、普賢菩薩ではなくて、あなたをだまして、あなたを殺そうとする何か化け物に違いありません。どうか夜の明けるまで我慢してください。そうしたら、私が間違いでない証拠をご覧に入れましょう」

日の出とともに猟師と高僧は、菩薩の立っていたところを調べに行き、薄い血の跡を発見しました。その跡をたどって数百歩離れたところに着いてみると、そこで猟師の矢に貫かれた大きな狸の死体を発見しました。

小泉八雲は、この短編の最後を次の言葉で結んでいます。

「僧は、博識で信心深い人であったが、狸に容易にだまされていた。しかし、猟師は無学で信心のない男だったが、たしかな常識をそなえていた。そして、この生まれつきの知恵だけによって、ただちに危険な幻影を見破り、それを打ち砕くことができたのである」

アドラー心理学は、「常識（コモン・センス）」の心理学とも言われます。

この短編から学ぶことはなんでしょうか。

「修行や読経などの功徳を積むと、菩薩様に会うことができる」。これが、この短編の当初の「常識」です。

しかし、高僧は、この常識を「自分と普賢菩薩」との関係にしぼってしか当てはめませんでした。「常識」は当てはまりそうです。

でも、もっと広い視点で常識に照らし合わせたら、素朴な疑問が残ります。

「なぜ、功徳を積んでいない小僧にも見えるのか」「なぜ、殺生を仕事としている猟師にまで菩薩様が見えるのか」という

部分ばかり気にして、全体が見えていないと、大きな間違いを犯すということを教えてくれる短編です。

アドラー心理学では、狭い関係での常識に疑問が生じたら、より広い視点で、より多くの人たちの知恵を借りることをすすめ、そのことが、より建設的な常識（共通感覚）であるととらえています。

習慣7 共感する

アドラーの言葉

一般に、仕事で成功するかどうかは、
社会適応のいかんにかかっているということができる。
隣人や顧客の要求を理解し、
彼〔女〕らの目で見て、彼〔女〕らの耳で聞き、
彼〔女〕らが感じるように感じることは、
仕事において大変有利なことである。

（『個人心理学講義』より）

「その人を理解しようと思ったら、その人の靴を履いて1週間歩き回ってごらんなさい」

アドラー心理学における私の師・ペルグリーノ博士のワークショップで、そんな話を聞いたことがあります。

実際に靴が履けるのかということはさておき、その人の立場になって1週間過ごしてみることが必要かもしれません。

共感は、人間関係を円滑にしていくうえで、とても重要な能力だとアドラーは言います。

他の人に問題が起こったとき、ミスしたとき、

「あなたの立場であれば、無理もない」

とその人の立場をまずは理解する。そのうえで解決策や対応策を考えていく。

本章は、「他人に共感する」ための章です。

相手の目で見る

「できる人は、なぜ、できる人を育てられないのか」

とは昔からよく話題になってきた疑問だと思います。

「名プレーヤー、名監督ならず」

とも言われます。

どうしてでしょうか。

これは、アドラーのいうところの「共感」がないからだと思います。

アドラーは共感について、

「共感とは、相手の目で見、相手の耳で聞き、相手の心で感じること」

と定義しています。

「共感」とは、「相手の関心に関心をもつこと」です。

できる人でも、この「共感」がないと、人を育てられないのだと思います。

具体的なケースでご説明していきましょう。

営業マンとしては抜群の成績を収めてきた男性が昇進し、初めて部下をもつことになりました。彼は、なまじ能力があるのが災いして、なかなか他人に任せることができません。そんな彼のもとに、一人の新人が入ってきました。

新人なりにがんばっているようなのですが、彼からすれば心配でなりません。新人を見ているとイライラするし、ストレスがたまります。ついいろいろ口を出してしまいます。

新人は、特に何か大きなミスをしたわけではありません。

新人の立場からすれば「きちんと仕事をやっているつもりだけど、なぜ細かく口を出されるのだろう。僕のやり方は間違っているのだろうか」と不安になります。

これは当然のことだといえます。

できる営業マンの彼は、「できる営業マンになってから」の自分の視点でしか物事を見ることができなかったのです。できる営業マンである彼でも、昔は「新人」だったはずなのに。

初めての得意先に行けば、名刺一つを渡すにもドキドキした過去があったことでしょう。書類のつくり方にしても、覚えるべきことがたくさんあると四苦八苦した過去もあるはずです。

しかし、そんな新人のときの気持ちや状況を思い出さず、自分の立場からものを話すために、新人との関係がうまくいかなくなるのです。

対人関係に大切なのは「共感」です。

人間関係がうまくいかないと悩む人の多くは、相手のことを見ていません。

自分が関心のあることばかり話題にしたり、相手にも事情があることを踏まえずに自分の要望ばかりを押しつけたり、もっというと、相手の気に障るようなことまで無神経に口にしてしまう人もいます。

職場の人間関係で悩んだら、まずは、

「相手の目で見て、相手の耳で聞き、相手の心で感じる」

というアドラーのこの言葉を、思い出すようにしてください。

心のメガネをかけ換える

共感力を高めるためには、どのような訓練が必要なのでしょうか。

私がおすすめしたいのは、「アドラー心理学の基本④の［認知論］」にかかわる手法です。

認知論では、「人間は、自分なりのものの見方・考え方（認知）がある」とご説明しました。自分独自の「心のメガネ（認知）」で世界を見るのです。

共感力を高めるためには、この「心のメガネ」をかけ換える必要があるのです。具体的には、次のとおりです。

1. 心のメガネの違いを知る――自分と相手の「同じ物事」に対するものの見方や考え方は、どこが違うかを考える

2. 相手の「心のメガネ」をかけてみる――相手のものの見方や考え方を理解してから、もう一度「同じ物事」を考えてみる

例えば、「得意先に通う」という「同じ物事」を考えてみます。

Aさんは、「営業マンなら積極的にやるべきだ」と思っています。「人間関係は顔を見せることが大事だ」というものの見方や考え方です。

「積極的にやるべき」「顔を見せることが大事だ」というのが、Aさんの心のメガネから見える「得意先に通う」意味です。

一方、Aさんが問題だと思うBさんの心のメガネはどうでしょうか。「得意先に通う」という「同じ物事」でも、Bさんは、「営業マンでも、いろんなやり方があるから無理にしなくていい」と思っています。「人間関係を近づけるためには、メールや電話という手段もある。顔を見せる時間より市場分析をして相手にとっていい提案さえできれば、会う回数は問題ではない」という考えです。

「無理にしなくていい」「顔を見せる以外にも信頼を得る手法はある」というのがBさんの心のメガネを通して見える「得意先に通う」の意味づけです。

Aさんが、もし、Bさんと共同していい仕事をしたいと思うのなら、**「Bさんの心のメガネ」をかけて、仕事を見直す必要があります。**

「得意先に通う」という仕事を、「無理にしなくていい」という前提で考え直します。「顔を見せる以外に、信頼を得るためのもっと効果的な方法はないか」を探すようにします。

このように「他人のメガネをかけてみること」が、共感力をつけ、相手といい関係を築くのに大切なことなのです。

共同で作業してみる

プロローグでもお話ししましたが、アドラーは、人生には三つのタスクがあると説いています。「仕事」「交友」「愛」の三つです。この三つのうち、後者ほど困難なタスクだと言っています。

最も難しいのが「愛のタスク」です。

これにまつわる話を一つさせてください。

ドイツのチューリンゲン地方には、これから結婚しようというカップルの相性を確かめるための一風変わった風習が伝わっています。

アドラーの弟子であるW・B・ウルフの『どうすれば幸福になれるか　下』（岩井俊憲監訳、一光社）で紹介されていたのですが、こういうお話です。

友人に付き添われた未来の花嫁と花婿は、森の中にある切り倒された大木がある場所に行きます。そこで、二人は「その大木の幹を二人で切るように」と大きなのこぎりを渡されます。

のこぎりには持ち手が二つあり、大木を切るには二人で協力することが必要になります。のこぎりは一方の力や速さが大きすぎても小さすぎても、うまく動きません。**お互いのタイミングや力のかけ具合をうかがいながら、調整できてはじめて切ることができます。**

二人がのこぎりで大木を切るその様子を見て、一緒に来た友人たちが二人の結婚の未来を予想するそうです。

結婚は、生まれた場所も、重ねてきた経験も、考え方も違う二人が一緒に過ごすわけです。ものの見方や考え方、価値観がまるで違うこともあります。

少しくらいの時間なら、わがまま放題でも相手が我慢してくれることもあるでしょう。

しかし長くは続きません。幸福な結婚のためには、相手に共感する気持ちや相手と協調する気持ちが大切なのです。

アドラーは、次のようにも言っています。

「結婚という状況は、他の人に関心を持ち、自分自身を他の人の立場に置く能力を要求する」

これらの言葉が指すのはまさに共感の能力の重要性です。

このお話は「愛のタスク」だけでなく、「仕事のタスク」「交友のタスク」である職場でもなるほどと、深くうなずける話です。

仕事でも「共同作業」ができる人ほど円滑に仕事ができる人です。

仕事や職場の人間関係において共感の能力を伸ばしたいときは、小さい仕事でいいので職場の人と共同作業をやってみるといいかもしれません。

習慣 8 勇気をもつ

アドラーの言葉

心理学的な見地からも、正常な人は、
人生の課題と困難がやってきた時に、
それに対応するに十分な
エネルギーと勇気を持っている。

（『個人心理学講義』より）

「勇気」とは「困難を克服する活力」です。

活力は「生きるエネルギー」ともいえます。

この「勇気」を自分自身のなかで育て、そのうえで、他の誰かが勇気をもてるように働きかけることを「勇気づけ」といいます。

私がアドラー心理学で最終的に最も大事としていることです。

どんな困難が起こっても、それを克服する勇気。

そして、身のまわりの人もあなたと同様、どんな困難が起こっても克服できるだけの勇気がもてるよう、働きかけること。

この「自分を勇気づける力」と「他人を勇気づける力」の二つがとても大切です。

本章は、この「勇気」に関する章です。

「困難は乗り越えられる」と信じる

・人間関係がこじれた
・仕事でアクシデントが発生して混乱している
・何をやっても、失敗続きでどん底にいる

人はそれぞれ、抱えている悩みや問題は違います。
しかし、**その悩みや問題を乗り越えたい人に大切なのは、「勇気」です。**
勇気とは、「困難を克服する活力」のことです。
勇気があるかないかは、「困難にあったとき」にこそ試されます。
勇気がない人は、困難を避けようとします。
あるいは、困難から逃げようとします。困難に出合い失敗したら、責任をとろうとしないし、また、深く傷ついて、なかなかはい上がることができない。

一方、勇気のある人とはどういう人でしょう。

困難を避けようとはしません。また困難にぶつかっても、それを乗り越えようとします。そして失敗しても、自分の責任と受け止め、不必要には落ち込みません。失敗から学ぼうとします。

それが「勇気のある人」です。

「勇気」は、私たちが建設的な人生を歩むのに欠かせない力なのです。

アドラーは『子どもの教育』のなかで、勇気についてこんなふうに言及しています。

「個人心理学（＝アドラー心理学のこと）は、子どもたちに、もっと勇気と自信を与えることで、また、子どもたちに困難は克服できない障害ではなく、それに立ち向かい征服する課題である、と見なすよう教えることで、すべての子どもたちについて、その精神的な能力を刺激する努力をすることを主張する」

この「勇気」ということを考えるとき、私は指揮者、岩城宏之氏（故人）を思い浮かべます。

２００５年12月31日から年をまたいで１月１日の未明まで、岩城氏はベートーヴェンの交響曲全９曲を、休憩を含めて９時間を超える長丁場にもかかわらず、スコアを見ることなく指揮棒を振り続けました。

１時間の休憩を１回とった以外は、曲間に15〜20分の小休憩を挟むだけです。イスに座ることもせず、乱れることもなく指揮したのです。

岩城氏はそれまでに20回以上も手術を受けています。演奏の５〜６カ月前にも、新たに見つかった肺がんの手術を受け、１カ月半ほど活動を休んでいたのです。

そのため休憩時には医師団が訪れ、体調をチェックし、酸素を吸入しながらの指揮だったそうです。

まさに執念の指揮。

「老い」や「病」という困難にもかかわらず、建設的に前に進む姿に、感動を覚えました。

岩城氏のような人こそ、「困難は乗り越えられる」と信じている「勇気ある人」の例です。

誰かを勇気づける

前項でお話ししたように、**建設的に人生を歩むには、困難を乗り越える「勇気」が大切です。**

しかし、岩城氏のように、「勇気」をたくさんもっている人もいる一方で、「なかなか勇気がもてなくて……」という人もいるでしょう。

特に心底疲れはてている状態のときには、「勇気を失っている」状態ですから、なおさらです。

心が疲れてしまっていると、人は「困難とは克服できない障害である」ととらえてしまいがちです。

こうした人が、もし近くにいる場合、あなたに求められるのは、「困難を克服する活力」を相手がもてるように働きかけることです。

これが「勇気づけ」です。

勇気づけとは、相手がより強く「自分を信じること」ができるようになるのを目指しています。

相手を信頼し、相手の中によいものを見つけることができる人が「勇気づけのできる人」です。

建設的な関係のなかでは、勇気づけが自然と行われます。

お互いに、お互いを信頼し合い、そして相手の中によいものを見つけようとします。

勇気づけのできる関係は「相互尊敬・相互信頼」が欠かせないのです。

相手を信頼し、相手のよいところを見る。

「勇気づけ」にとても大切な心構えです。

1日3人に対して「勇気づけ」をしてみる

まずは、1日3人に対して、最低でも3回は勇気づけをしてみてください。

例えば、朝起きて、妻に明るく「おはよう」とあいさつし、「お、今日の朝ごはんもおいしそうだね」と言う。

会社に出かける途中、コンビニでコーヒーを買うときに、「ありがとうございました！」という店員に対して、「いつも元気な声でありがとう」と言ってみる。

会社に出社して、席の近くの同僚に対し、「いつも朝早く出社していますね」と言ってみる。

昼間は、内気だが細かいところに気がつく仕事ぶりの部下にフォローしてもらったら、「細かいところまで丁寧に気づいてくれてありがとう」と話しかける。

おっちょこちょいなところはあるが、明るくニコニコ、元気に仕事してくれる社員に対し、「ニコニコ笑顔で安心感がもてるよ」と声をかける。

朝でも、昼でも、仕事中でも、ランチのなかでも、「勇気づけ」をする場面はたくさんあります。

最初は抵抗があるかもしれません。

しかし、まずは1日最低3回、勇気づけの声をかけるように意識していくと、だんだんと慣れていきます。

「勇気づけ」が日々の習慣になるまで、やってみてください。

職場でまずはあなたがやると、そのことで気分の明るくなった人が、また、勇気づけをするようになります。

勇気づけの「雪だるま効果」とペルグリーノ博士は言っています。

博士の言葉です。

「信頼が勇気にエネルギーを与え、勇気が希望をはぐくみ、希望が信念を創造し、信念が行為を生み出す」

はじめは小さかった雪の玉が、コロコロと生活のなかで坂道を転がり始めると、まわりの人々を巻き込み、しだいに大きな大きな雪の玉になるようなものです。

勇気づけは、はじめは小さいものです。

しかし、**それを続けていくうちに、しだいにまわりの人も勇気づけの言動を始め、徐々に職場の雰囲気を変えていくことでしょう。**

まずは、あなたから「1日3回の勇気づけ」を実践してみてください。

より早く、より多く信頼する

「信頼していたのに、裏切られた」

と落ち込んでいるAくん。話を聞いてみると、同僚のBくんに、仕事で気づいたことや、得た情報を話していたそうです。仕事で悩んでいるBくんの相談にものっていました。

ところがある日、Bくんがよそよそしくなったと思ったら、自分が得た情報や気づいたことを、Bくんの考えとして上司にレポートを上げていたのです。

憤慨してBくんにつめよりましたが、

「君も同じような考えをもっていたかもしれないが、僕も同じことを考えていたんだ」

との答えを返します。

この場合、どうしたらいいでしょうか。

Aくんが Bくんを「信頼していた」のは事実でしょう。**「裏切られた」と思ったということは、「信頼していた」ということです。まずは、それまではBくんを信じていた自分自身をAくんは認めてあげてください。**

「裏切られた」のあとに「腹が立つ」という気持ちがわき起こってしまった自分自身も、許してあげてください。

しかし、次に大事なことは、「Bくんも同じ考えをもっていたのかもしれない」とBくんの言うことを信じることです。

それは、難しいという人もいるかもしれません。

あるいは「事実と違う!」と思う人もいるかもしれません。

その場合は、たとえ考えを盗用されたのだとしても、「盗用されて僕は不快だった」と、自分の気持ちをBくんに伝え、あとは再びBくんを信頼して、待つことです。

アドラー心理学では、相手を勇気づける際に重要なこととして次の2点をあげています。

①より早く尊敬し、信頼する

②より多く尊敬し、信頼する

勇気づけに大切なのは、「お互いに尊敬し、お互いに信頼する」と言いましたが、それより大切な心構えなのがこれです。

Aくんは、Bくんをより早く、より多く尊敬し、信頼する。

あなたも、人間関係に悩んだり、怒ったときは、**まずは、あなたがより早く、より多く相手を尊敬し、信頼すること。**

勇気づけに欠かせない大事な精神です。

自分の問題と相手の問題を分けて考える

部下がある相談をしてきました。

「この頃、仕事でうまくいかないことが多くて、この仕事に向いてないような気がするんです。会社も辞めようかな、と思うときがあって」

という内容です。

あなたが上司だったら、どう答えるでしょうか。

まずできることは「うまくいかないとはどういうことかな?」と具体的にきくことでしょう。そして、上司として悩みに応えたい意思があることも表すほうがいいでしょう。

自分なりの意見を言います。

しかし、その先、部下が思ったように動かないとき、あるいは、再び落ち込んで

「向いてないと思うんです。辞めたいんです」と言ってきたとき、

「なんで、俺のアドバイスをきかないんだ」

とイライラする人がいます。

人によっては「このやり方をしろ」と押し付ける人もいます。

ですが、このときに心の中でつぶやいてほしいことがあります。

「そのことで最終的に困るのは誰か」

「その問題の解決の当事者は誰か」

この二つです。

部下が自分の仕事がうまくいかなくて、会社も辞めたら最終的に困るのは「部下」です。それに「仕事がうまくいかない。会社を辞めたい」という問題の当事者も「部下」です。

「上司」の問題ではないのです。

ここで大切なことは、上司の問題と部下の問題を混同しないことです。

「部下の仕事がうまくいかない。会社を辞めたい」ということに、アドバイスをする

ことは「上司の問題」です。

けれども、それをきいて、行動を変えるかどうか、どこまで変えるかを選ぶのは「部下の問題」です。

ここを分けて考えないからイライラしたり、部下の気持ちを考えずにダメ出ししてしまうのです。

昔のことわざに左の言葉があります。

「馬を、水辺につれていくことはできても、水を飲ませることはできない」

馬が水を飲むか飲まないかは馬の問題です。

上司がどうこうできる問題ではないのです。

自分の問題と相手の問題を分けて考える。

そう割り切ることも大事です。

「変える勇気」と「受け入れる勇気」をもつ

50代になったくらいからでしょうか。

結婚式よりも告別式に出かける頻度が多くなり、体に持病も抱え、肉親や親しい人のいくつかの死に直面し、人間は確実に衰え、死に向かうのだという当たり前の事実をしみじみと感じるようになりました。

「老い」「病」「死」は、たしかに変えることができない現実です。

しかし、老いて病に冒され、死を迎える過程にあっても、その現実をどう受け止め、どう対応するかは、人それぞれです。

変えることができない現実を、「受け入れる勇気」をもちたいものです。

一方で、「老い」「病」「死」以外のことに関しては、人生では変えられる要素がかぎりなく数多くあることもまた事実です。

この場合は「変えられる勇気」をもちたいものです。

思うに、「若さ」には、変えられないものまでを変えようとする無謀さが潜み、「老い」には、変えられるものでさえも変えようとしないあきらめが漂っているようにも思います。

「変えられないものを変えようとする」

「変えられるものでさえ変えようとしない」

この二つに振り回されると、心は疲れるばかりです。

私は、勇気について「困難を克服する活力」と書きました。

その勇気には、「変えられるものを変える勇気」と「変えられないものを受け入れる勇気」があるように思います。

この二つの勇気を発揮するためにも、私は神学者のラインホールド・ニーバーの次の言葉を肝に銘じたいと思います。

神よ、私にお与えください
変えることのできないものを受け入れる平静な心を
変えることのできるものは変える勇気を
そしてそれらを見分ける知恵を

日本語訳：中村佐知

あとがき

本書をお読みいただきありがとうございました。
お読みになってのご感想はいかがですか。
著者の私は、この本に次の3つの思いを込めました。
(1) とにかく日常生活で生かし、習慣化してほしい
(2) 最大の味方である自分自身を勇気づけてほしい
(3) 他者の勇気づけに使ってほしい
この本は、アドラー心理学の理論を日常生活に生かし、最初は違和感を覚えながらも、習慣にまで落とし込むことが最終ゴールです。

アドラー心理学は、「実践してこそ真価を発揮する」のです。

そこで、あれこれ欲張らずに、とにかく8つの習慣だけでも身につけようよ、との趣旨で8つにしぼりました。これが第一の思いです。

第二の思いは、この本の特徴は、自分自身の最大の味方である「自分」と徹底的に向き合い、自分を勇気づけられるような習慣をもってほしい、という点です。

自分を受け入れられないと、他者のことも否定的に見てしまいがちです。

その点からも本書の構成では「『ありのままの自分』を受け入れる」（習慣1）、「自分を知る」（習慣2）、「失敗や欠点を糧にする」（習慣3）、「負の感情とうまく付き合う」（習慣4）などを前半に置きました。

第三には、自分自身を勇気づけるだけでなく他者のためにも貢献してほしいとの願いを込めています。

そこで、「建設的に考える」（習慣5）、「大局から見る」（習慣6）、「共感する」（習慣7）、「勇気をもつ」（習慣8）を後半に置きました。

この本を読んだあなたが習慣化するだけでなく、他の人を救うためにも活用していただきたいと願っています。

この本を出版するにあたって次の方々に感謝の気持ちを表明します。

朝日新聞出版書籍編集部の大田原恵美さんには、企画段階から編集作業、そして出版に至るまで実に念入りなご対応をいただきました。何せ、大田原さんなくしてこの本は生まれなかったわけで、まずお礼を申し上げます。

次に、私が30年間に接してきた受講生、クライアントの方々に感謝申し上げます。皆さまは、未熟な私をこのような本を書けるまでに育ててくれたのです。

最後に、この本を手にし、ここまで読みきってくださったあなたに感謝いたします。この本に盛り込んだ内容は、私とご縁のある受講生、クライアントばかりでなく私自身も活用し、実効性を確認済みのことばかりです。あなたもその仲間の一人です。

そして、あなたを通じてこの8つの習慣が広まり、その数が15万人に及ぶことを祈念してこのあとがきを終えます。

二〇一四年七月

岩井俊憲

文庫版あとがき

私は、この2年ほどの間に単著、監修の本を15冊ほど出しました。その中でもこの本の前身となる『「もう疲れたよ…」にきく8つの習慣　働く人のためのアドラー心理学』には深い思い入れがありました。

なぜなら、私が30年間学び続けているアドラー心理学を理論で簡単に紹介でき、自分自身で生活の中でどう落とし込んできたかを込めることができた本だからです。

その原体験は「はじめに」に書いています。

私は、自らがアドラー心理学によって救われた人間です。

その原点から、私は「言行一致した生き方」を一番大切にしてきました。研修やカウンセリングでも、私の関わる人たちに、職場、家庭、個人生活でも使える言行一致したアドラー心理学をお伝えしてきました。

今、大変な人気のアドラー心理学ですが、「知的に理解すること」や「手っ取り早く概要をつかむ」などの目的で学んでいる人が多いように思われます。

そういった目的でアドラー関連の本を読むのもいいのですが、私の最大の願いは、「働く人がアドラー心理学を生活の中にとり入れること」「アドラー心理学を言行一致につなげること」です。前著は、その最大の願いに一番近いものです。

だからでしょうか。幸い多くの方々から前著によって「ものの見方が変わった」「生き方が楽になった」「肩の荷がおりた感じがする」というご感想の手紙やメールをいただく機会が15冊の中で一番多かったように思います。

また、そうした感想をブログやフェイスブックに書いてくださるのを数多く見受けました。

そんな影響を与えた前著が『働く人のためのアドラー心理学「もう疲れたよ…」にきく8つの習慣』としてこのたび文庫化され、より多くの読者に届くことを思うと、こんなにうれしいことはありません。

重ねてお伝えすることになりますが、前著の「あとがき」に私は、次のように書いています。

私は、この本に次の3つの思いを込めました。

（1）とにかく日常生活で生かし、習慣化してほしい
（2）最大の味方である自分自身を勇気づけてほしい
（3）他者の勇気づけに使ってほしい

これらは、実現可能です。それは、前著の読者からいただいた数々のご感想を読むかぎり、かなり効果が出ていることからも、明らかではないでしょうか。

最後に、感謝の言葉を述べさせていただきます。

このたびの文庫化についても、前著同様、朝日新聞出版書籍編集部の大田原恵美さ

んのお世話になりました。

そして、何よりもここまで読み進んでくださったあなた、私を勇気づけてくれてありがとうございました。深い感謝の念を表明します。

二〇一六年四月

岩井　俊憲

働《はたら》く人《ひと》のためのアドラー心理学《しんりがく》
「もう疲《つか》れたよ…」にきく８つの習慣《しゅうかん》

朝日文庫

2016年５月30日　第１刷発行
2016年12月20日　第３刷発行

著　者　岩井俊憲《いわいとしのり》

発行者　友澤和子
発行所　朝日新聞出版
〒104-8011　東京都中央区築地5-3-2
電話　03-5541-8832（編集）
03-5540-7793（販売）

印刷製本　大日本印刷株式会社

ISBN978-4-02-261859-7

枡野《ますの》 俊明《しゅんみょう》
禅の作法に学ぶ 美しい働き方とゆたかな人生

「ためない」「探さない」「常に備える」「無心になって人と向き合う」など、禅の作法を仕事に取り入れて、自分らしく生きるための方法を説く。

枡野《ますの》 俊明《しゅんみょう》
禅の言葉に学ぶ ていねいな暮らしと美しい人生

『ニューズウィーク日本版』で「世界が尊敬する日本人100人」に選ばれた著者が説く、禅の教えを日々に生かし、心豊かに生きる方法。

枡野《ますの》 俊明《しゅんみょう》
禅の教えに学ぶ 捨てる習慣と軽やかな人生

虚栄心や執着心から解放され、「引き算」の生き方を実践すれば、人生はより豊かになる。禅の「捨てる」思想を、生活に取り入れるコツを紹介。

ひろ さちや
「けち」のすすめ
仏教が教える少欲知足

人は欲望が満たされないと苦悩を感じる。仏教の「少欲知足」の教え、すなわち足るを知って、ありのまま生きることの尊さを説いた癒しの書。

玄侑 宗久
まわりみち極楽論
人生の不安にこたえる

老若男女を問わず、生き悩むすべての人々の心に、芥川賞作家でもある現役僧侶が正面から向き合う、やさしく深い人生相談。〔解説・赤瀬川原平〕

釈 徹宗
早わかり世界の六大宗教

ヒンドゥー教、神道、ユダヤ教、キリスト教、イスラーム、仏教の「聖典」をわかりやすく解説した、新しい宗教入門書。〔解説・細川貂々〕